JN320007

わくわく動物園へようこそ！

わくわく動物園

いりぐち

最初はぼくたちで練習してね！

ウッキーモンキーちゃん
つくりかた　16ページ

ぴょんぴょんうさぎちゃん
つくりかた　17ページ

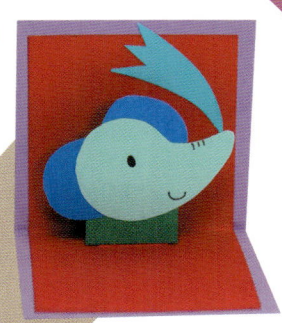

ごきげん！水あびぞうさん
つくりかた　18ページ

おすましワニさん
つくりかた　19ページ

ユーカリコアラちゃん
つくりかた　22ページ

しゅっぱつ〜！

もっといってみよう！

てけてけてけ

おしゃべりライオンさん
つくりかた　26ページ

元気ですかー！

こんなふうになってるんだね。

ハリネズミちゃんの おさんぽ
つくりかた　30ページ

あっ！
ぼくたちだ！

つきのわぐまさん
つくりかた　32ページ

こわいこわい。

てけてけてけ

こわくないよ～。

カピバラさん親子
つくりかた　36ページ

おとうさんに
ついていくんだよ。

カピバラちゃんたち
どこいくの？

あっちには
なにがあるかな？

わくわく動物園へようこそ！

プレーリードッグちゃん
ABブラザーズ
つくりかた　40ページ

プレーリーちゃんたちは
おもしろいなあ。

サーカスぞうさん
つくりかた　44ページ

じょうずだなあ。

おさかなちょうだい！
ペリカンさん
つくりかた　48ページ

ここ
てけてけてけ

まてー！

きゃー！

3

くいしんぼうリスさん
つくりかた　56ページ

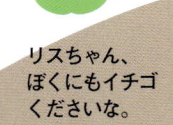

やだよー。

リスちゃん、
ぼくにもイチゴ
くださいな。

いじわるだな。

ぷんぷん。

ふくろう3兄弟
つくりかた　60ページ

ほーほーほー。
ハリネズミちゃん
どうしたの？

ボールあそび
アシカちゃん
つくりかた　52ページ

わあ！
アシカちゃんだ。

きもちがいいでーす！

お水の中は
きもちがいいですかー？

ぷんぷん。

わくわく動物園へようこそ！

こんにちは！カワウソちゃん
つくりかた　72ページ

カワウソちゃんだ。

またねー！

ハロー！

ベビーペンギンちゃん
つくりかた　68ページ

ばぶーばぶー。

あかちゃんこんにちは！

オニオオハシ博士
つくりかた　64ページ

いつもニコニコしているとたのしいことがあるよ。

あっ！オニオオハシ先生だ！

そうだな、きっとそうだ。

ばんざい シマウマくん
つくりかた　76ページ

ばんざ～い

なにかいいことが
あったのかな？

きりんちゃんだ！
どこにいくの？

おでかけ きりんさん
つくりかた　80ページ

おかいものに
いくのよ。

たのしそうだな、おかいもの。
おや？　あそこにいるのは？？

アライグマくんが やってきた！
つくりかた　84ページ

アライグマでーす。

ぼくは
ハリネズミです。

わくわく動物園へようこそ！

**クール！
イワトビペンギン**
つくりかた　88ページ

クールだぜ！

イワトビペンギンさんだ！

かっこいいよねえ。

ぼくもいっしょにいこう！

カンガルー親子（おやこ）
つくりかた　92ページ

カンガルーママだ！

こおりの世界だよ。

ん？
すこしさむくなってきたぞ。

おかあさん
だいすき！

あまえんぼだなあ。

7

元気いっぱい！
ワオキツネザルちゃん
つくりかた　96ページ

やっほー！

こんにちは〜。

プレーリーちゃん
こんにちは！

こんにちは！
いいものが
おちてるよ。

あっ！
イチゴだ！

パンダちゃんだ。

ブランコパンダちゃん
つくりかた　100ページ

もうすぐゴールだ。

キツネザル？

ゆらゆら
ゆれまーす。

でぐち

えへへ。

ほーほー。

ぼくたちを
つくってみてね！

よかったね。

わーい！
リスちゃん、
ありがとう！

かんたん手づくり ポップアップカード わくわく動物園 もくじ

かんたんなカードで練習しよう!

つくる前に読んでね！

カードをつくるのに必要な材料……10

型紙のきりかた……11

内台紙のつくりかた　A……12

内台紙のつくりかた　B……13

内台紙のつくりかた　C……14

内台紙と外台紙のはりあわせかた……15

練習ミニカード

ウッキーモンキーちゃんのカード……16

ぴょんぴょんうさぎちゃんのカード……17

ごきげん！水あびぞうさんのカード……18

おすましワニさんのカード……19

台紙の大きさ……20

カードのつくりかたと型紙　21

ユーカリコアラちゃんのカード……22

おしゃべりライオンさんのカード……26

ハリネズミちゃんのおさんぽカード……30

つきのわぐまさんのカード……32

カピバラさん親子(おやこ)のカード……36

プレーリードッグちゃんABブラザーズのカード……40

サーカスぞうさんのカード……44

おさかなちょうだい！ペリカンさんのカード……48

ボールあそびアシカちゃんのカード……52

くいしんぼうリスさんのカード……56

ふくろう3兄弟(きょうだい)のカード……60

オニオオハシ博士(はかせ)のカード……64

ベビーペンギンちゃんのカード……68

こんにちは！カワウソちゃんのカード……72

ばんざい シマウマくんのカード……76

おでかけ きりんさんのカード……80

アライグマくんがやってきた！カード……84

クール！イワトビペンギンカード……88

カンガルー親子(おやこ)のカード……92

元気いっぱい！ワオキツネザルちゃんのカード……96

ブランコパンダちゃんのカード……100

つくる前に読んでね！

カードをつくるのに必要な材料

ボクが説明します。

色画用紙
文房具屋さんで売っている、ふつうの色画用紙をつかいます。色をたくさんつかいたいので、ブロックの色画用紙を用意してね。

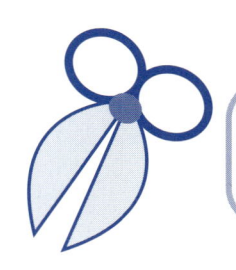

はさみ
型紙をきるのにつかいます。

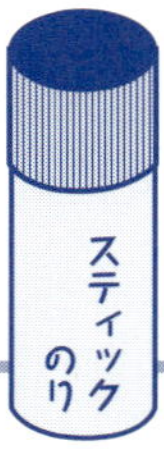

のり
型紙をはったり、カードをはりあわせるときにつかいます。スティックのりがつかいやすいけど、チューブのりでも大丈夫！

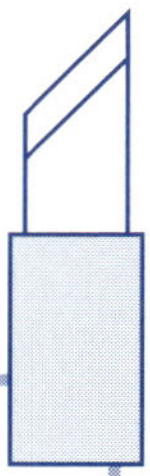

カッター
けがをしないようにきをつけてね。
台紙をきるときにつかいます。

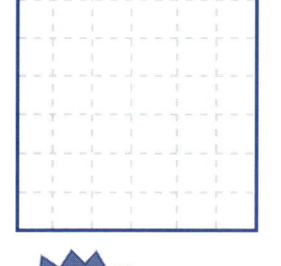

カッターマット
カッターをつかうときに、机にキズがつかないように、下にしいてね。（段ボールや、厚紙でもいいよ）

じょうぎ
カードの台紙をきるときにつかいます。大きさをきちんとはかりましょう。

そのほか、こんなものがあると便利だよ。

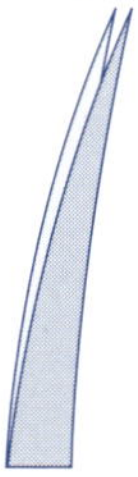

ピンセット
細かいパーツをあつかうの便利。つかいこなすと、ちょっとかっこいい。

クラフトパンチ
☆型や目玉の○をきりぬくときに便利です。

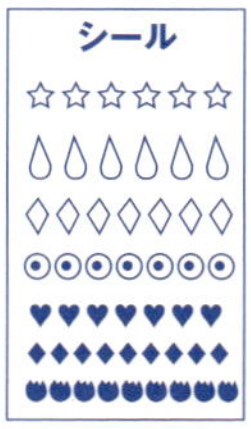

シール
お気にいりのシールでカードをかざろう！（100円ショップで売ってるよ）

つくる前に読んでね！

型紙のきりかた

ボクたちが説明します。

とことことこ

1 型紙のページをコピーします。

2 コピーした型紙を、型紙の線より少し大きくきりぬきます。

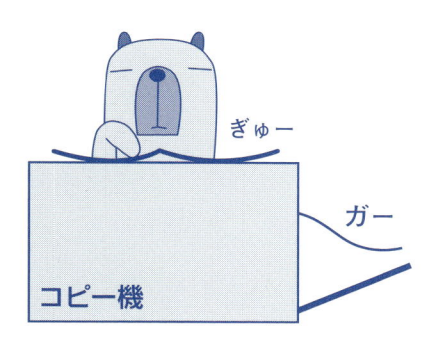

ぎゅー

ガー

コピー機

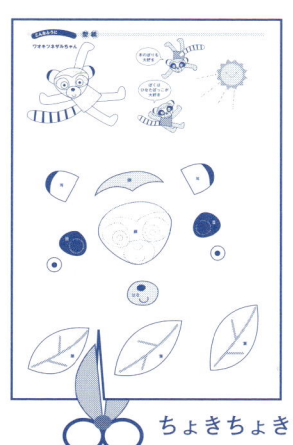

ちょきちょき

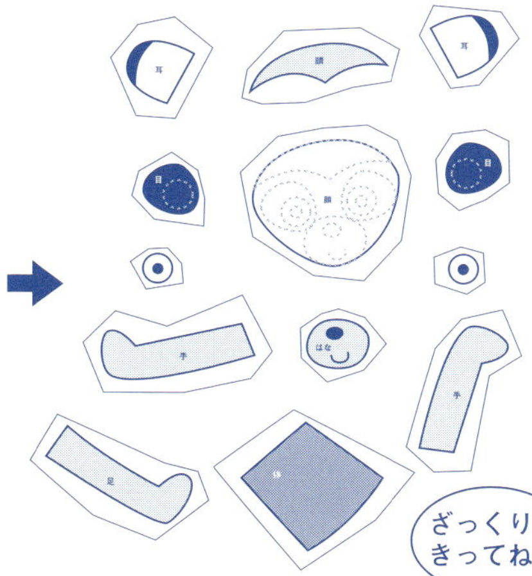

ざっくりきってね。

わ～バラバラだ～

3 色画用紙の上に型紙をおいていっしょにきります。

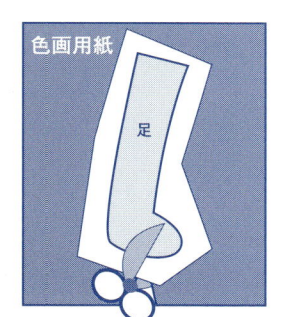

色画用紙　足

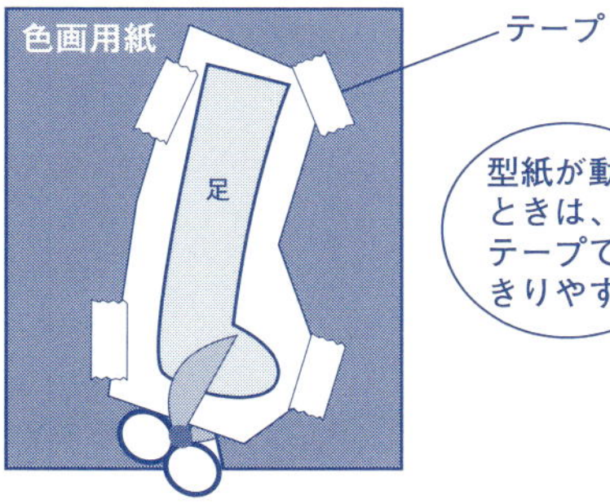

色画用紙　足　テープ

型紙が動いちゃうときは、テープではるときりやすいよ。

4 型紙のページの上にあるイラストを参考に、はりあわせてください。

こんなふうにはってね　型紙
ワオキツネザルちゃん

イラストどおりだと、こうなりますが……。

いろんなはりかたで、表情がかわります。

おでかけですか～

いろいろつくってみてね。

あ～よくねた～

やっほー！

台紙を2枚はりあわせます。
とびだす部分がある内がわの台紙を「内台紙」、外がわの台紙を「外台紙」といいます。

つくる前に読んでね！
内台紙のつくりかた
ＡＢＣの3つのパターンがあります。

台紙をつくるのがいちばんのポイントになります。

ボクが説明します。

A パターンのつくりかた

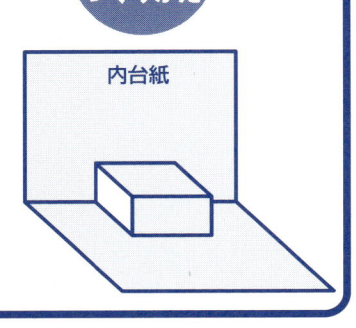

内台紙

1 内台紙を半分に折ります。

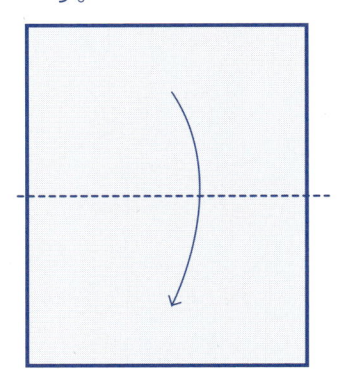

2 内台紙にきりこみをいれます。

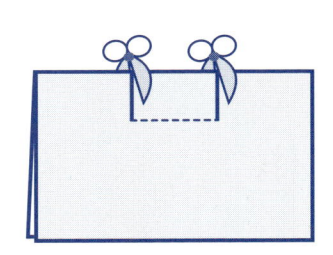

3 折って折り目をつけます。

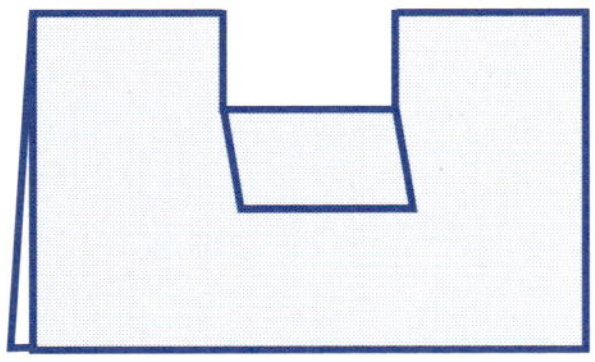

4 もとにもどします。

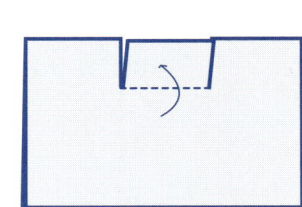

5 開いて、きりこみ部分を表に折り返します。

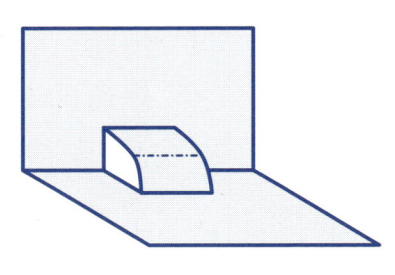

6 もう一度折ります。

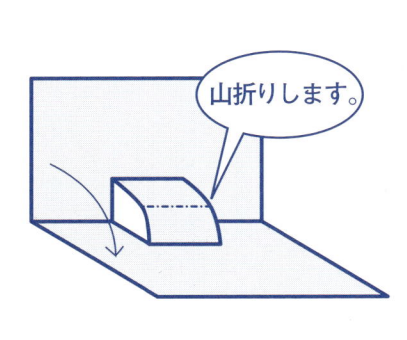

山折りします。

7 ぎゅーっと折りましょう。

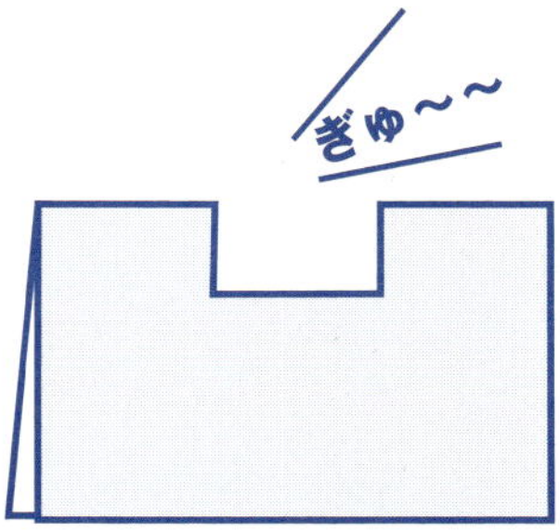

ぎゅ～～

8 開くと、とびだします。

よろしくね。

ここにパーツをはります。

Bパターンのつくりかた

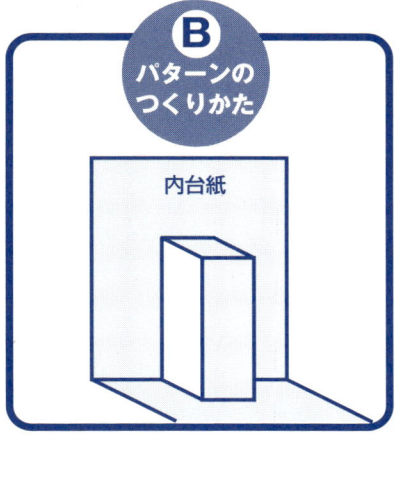

1 内台紙を折る前に、きりこみをいれます。

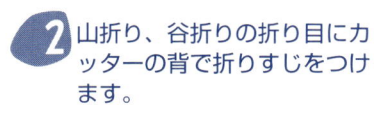

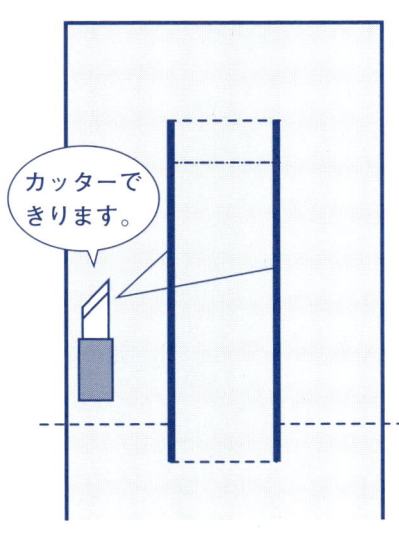

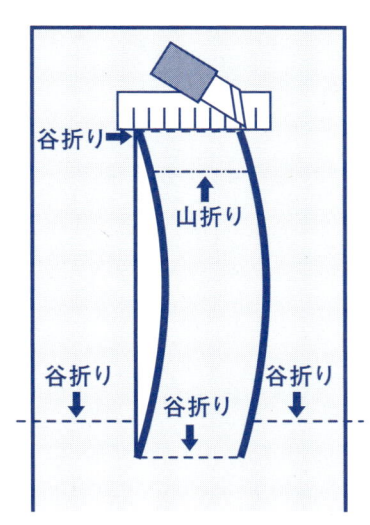

カッターできります。

2 山折り、谷折りの折り目にカッターの背で折りすじをつけます。

谷折り
山折り
谷折り　谷折り　谷折り

3 ①→②→③→④の順番で折ります。

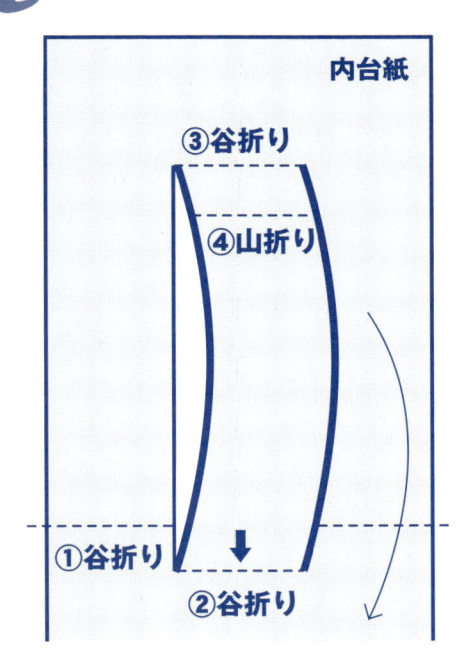

内台紙
③谷折り
④山折り
①谷折り
②谷折り

4 ぎゅーっと折りましょう。

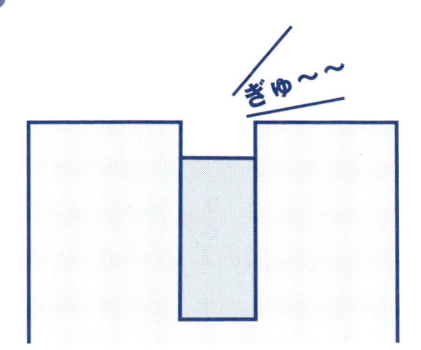

ぎゅ〜〜

5 開くと、とびだします。

ほほ〜。
ここにパーツをはります。

つくる前に読んでね！

C パターンのつくりかた

内台紙

1 内台紙を半分に折ります。

内台紙

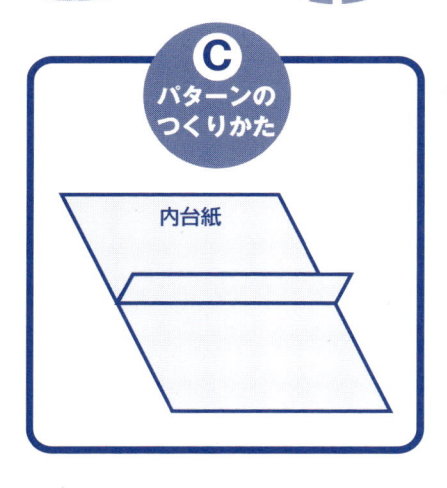

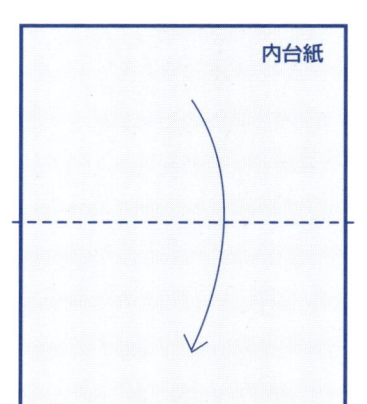

2 谷折りします。

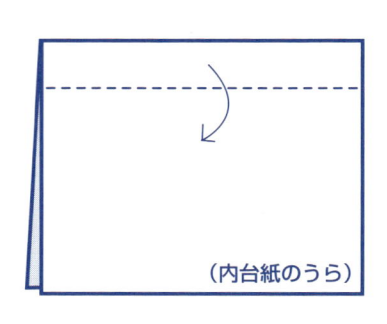

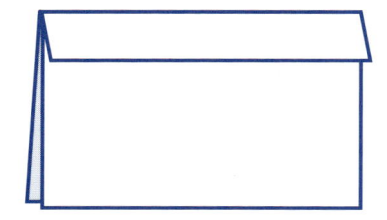

（内台紙のうら）

3 このようになります。

4 ❸を開いて、のりをつけてはります。

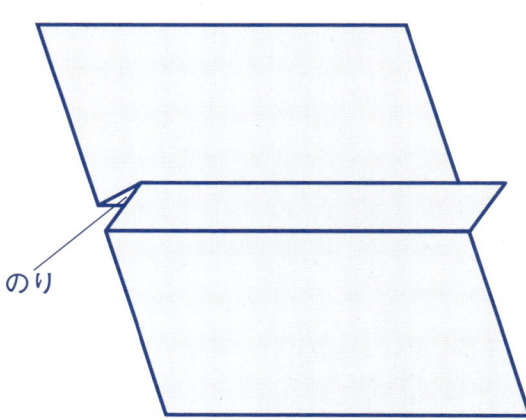

のり

5 とびだします。

やっほー！

ここにパーツをはります。

つくる前に読んでね！
内台紙と外台紙の
はりあわせかた

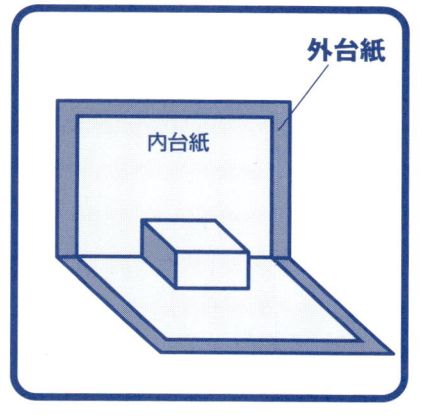

1 内台紙にきりこみをいれ、半分に折ります。

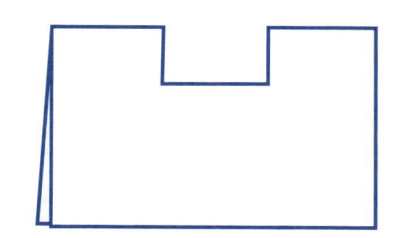

2 外台紙を用意します。半分に折って開きます。

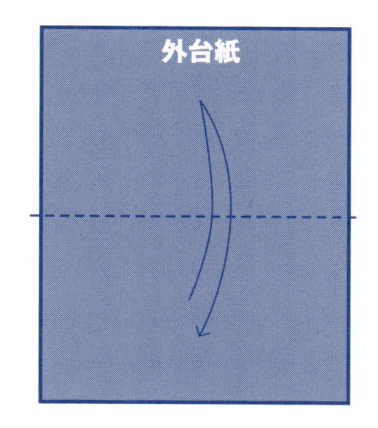

外台紙
内台紙

外台紙

内台紙と外台紙をはりあわせます。外台紙をはることで、カードがしっかりします。

3 ❶の内台紙を外台紙の中心にあわせて片面をはります。

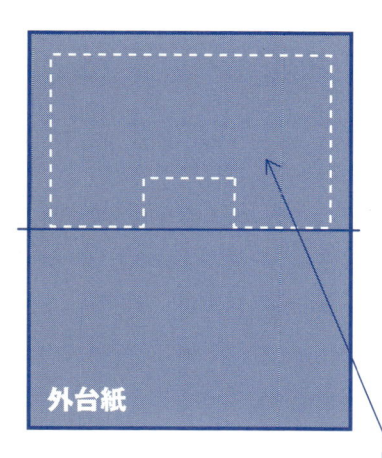

4 残りの面もはります。

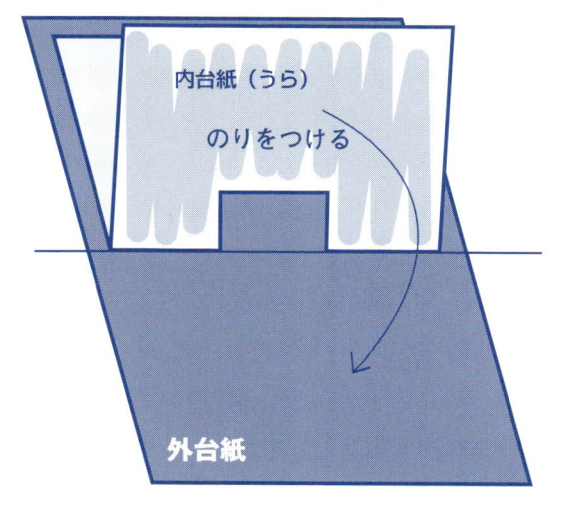

外台紙

のりをつける
内台紙（うら）

内台紙（うら）
のりをつける

外台紙

A パターン 練習ミニカード

ウッキーモンキーちゃんのカード

かんたんなカードで練習しよう!

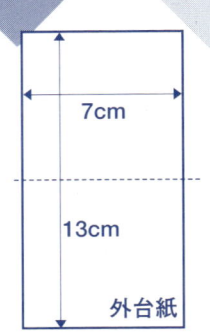

外台紙: 7cm × 13cm
内台紙: 6cm × 12cm

パーツをつくります

1 モンキーちゃんのかおをつくります。
目と口は自分でかいてね。

2 かおにモンキーちゃんの手をはります。
ウッキーってかんじだね!

3 かおとからだをはりあわせます。
しっぽはまだだよ。

台紙をつくります

1 内台紙を半分に折ってきりこみをいれます。
1.5cm / 2cm / 2cm
内台紙

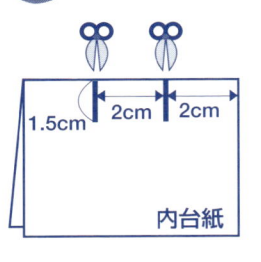

2 きりこみを折ります。

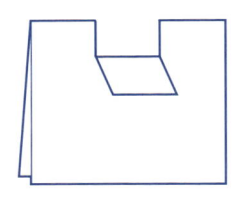

3 開いてとびださせます。

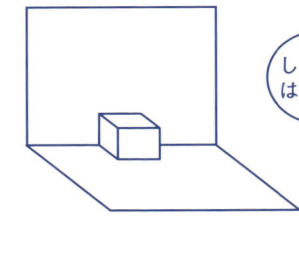

仕上げます

1 内台紙に外台紙をはりあわせます。
しっぽをはります。
外台紙 / 内台紙

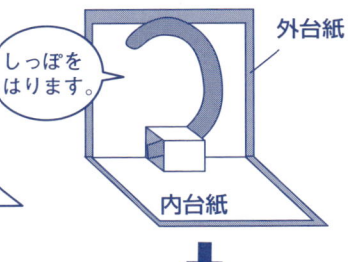

2 モンキーちゃんをはります。

できあがり!

こんなふうにはってね
モンキーちゃん

型紙

しっぽ / かお / 耳 / 耳 / 手 / 手 / あたま / からだ

A パターン 練習ミニカード

ぴょんぴょん うさぎちゃんのカード

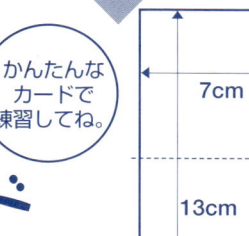

かんたんな カードで 練習してね。

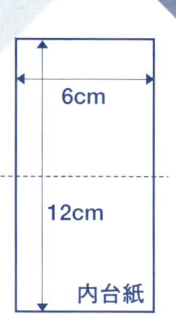

外台紙 7cm / 13cm
内台紙 6cm / 12cm

パーツをつくります

1 うさぎちゃんのかおに耳をはります。

目と口とひげは自分でかいてね。

2 かおとからだをはりあわせます。

3 手をはります。

ちょっとふとめ?

台紙をつくります

1 内台紙を半分に折ってきりこみをいれます。

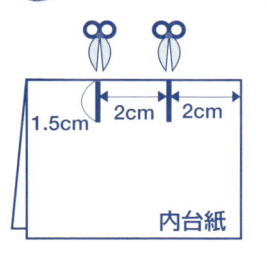

1.5cm　2cm　2cm
内台紙

2 きりこみを折ります。

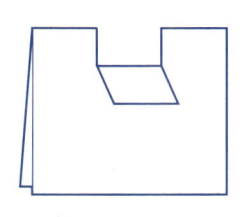

3 開いてとびださせます。

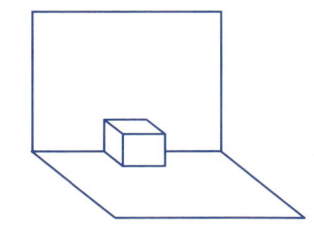

仕上げます

1 内台紙に外台紙をはりあわせます。

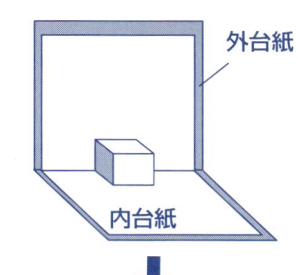

外台紙　内台紙

2 うさぎちゃんをはります。

できあがり!

こんなふうにはってね

うさぎちゃん

型紙

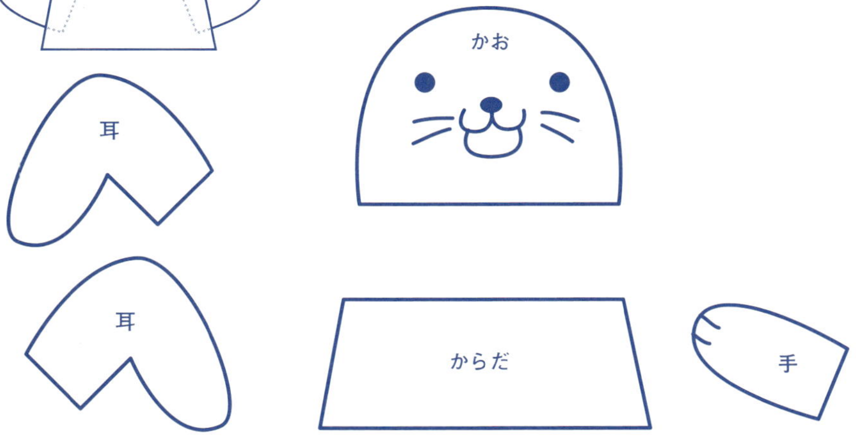

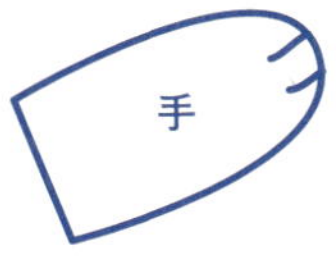

耳　耳　かお　からだ　手　手

A パターン 練習ミニカード

ごきげん！水あび ぞうさんのカード

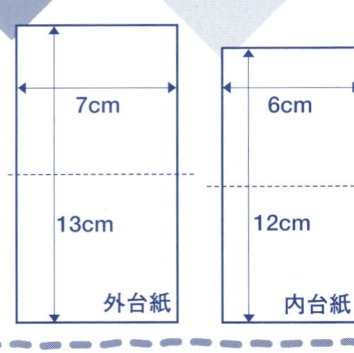

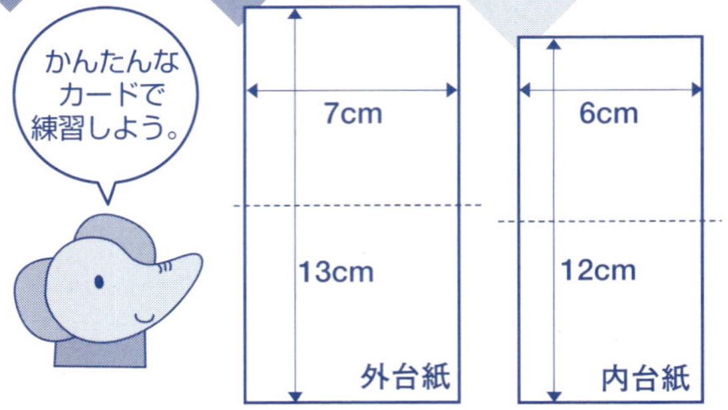

かんたんなカードで練習しよう。

7cm / 13cm 外台紙
6cm / 12cm 内台紙

パーツをつくります

1 ぞうさんのかおに耳をはります。

目と口は自分でかいてね。

2 かおとからだをはりあわせます。

もうできちゃった。 できあがり！

3 水もきっておいてください。

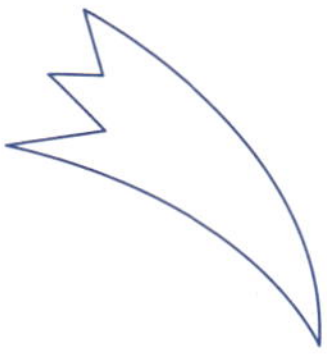

台紙をつくります

1 内台紙を半分に折ってきりこみをいれます。

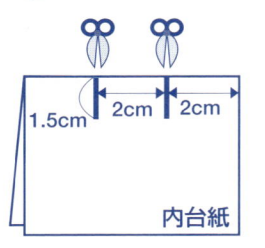

1.5cm　2cm　2cm　内台紙

2 きりこみを折ります。

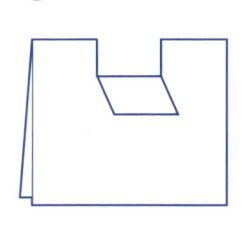

3 開いてとびださせます。

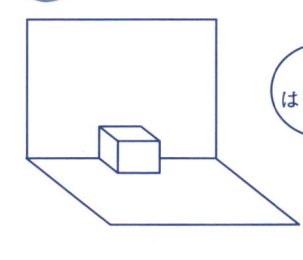

仕上げます

1 内台紙に外台紙をはりあわせます。

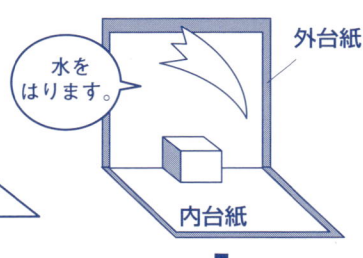

水をはります。　外台紙　内台紙

2 ぞうさんをはります。

できあがり！

こんなふうにはってね

ぞうさん

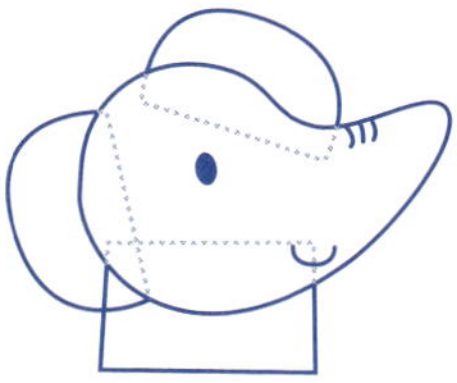

型紙

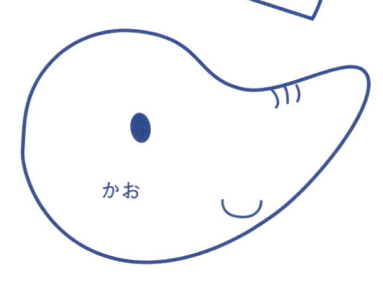

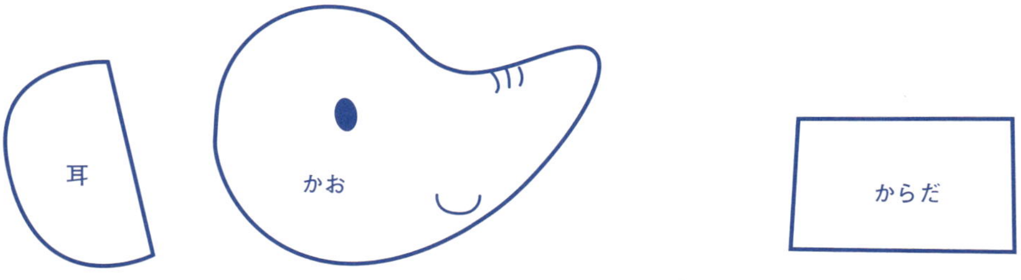

水　耳　耳　かお　からだ

Ⓐ パターン 練習ミニカード
おすまし ワニさんのカード

ぼくを つくって みてね。

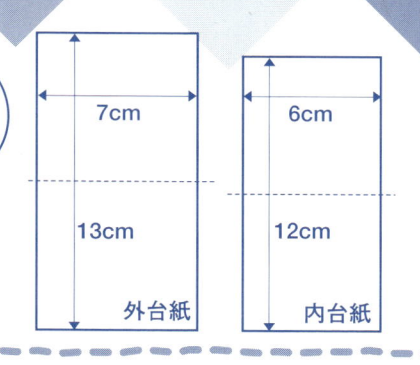

7cm / 13cm 外台紙
6cm / 12cm 内台紙

パーツをつくります

1 ワニさんのかおに目と歯をはります。
しわもわすれないでね。
口とはなは自分でかいてね。

2 かおとからだをはりあわせます。
かっこいい?

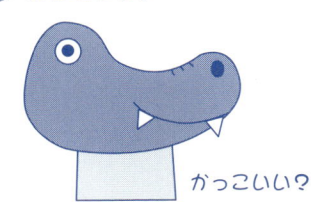

3 手をはります。
できあがり!

台紙をつくります

1 台紙を半分に折ってきりこみをいれます。
1.5cm / 2cm / 2cm 内台紙

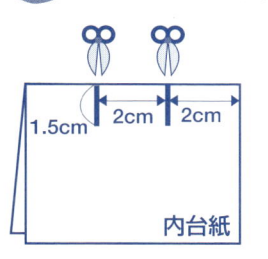

2 きりこみを折ります。

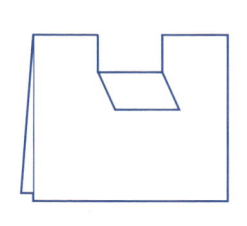

3 開いてとびださせます。

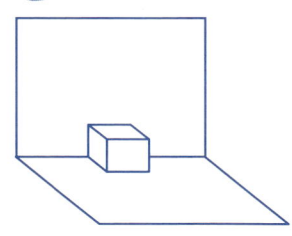

仕上げます

1 内台紙に外台紙をはりあわせます。
外台紙 / 内台紙

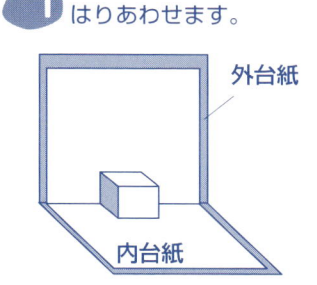

2 ワニさんをはります。
できあがり!

こんなふうにはってね
ワニさん

型紙
かお 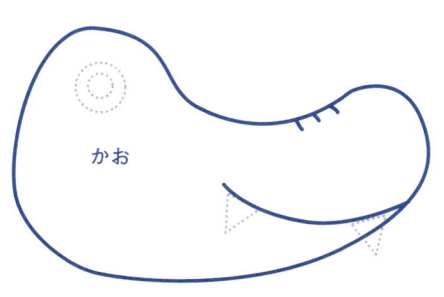
目　歯　からだ　手

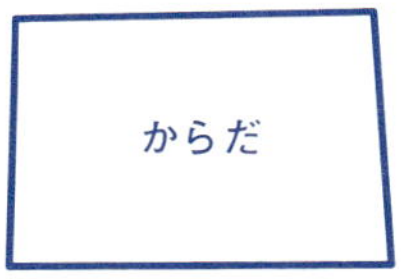

つくる前に読んでね！
台紙の大きさ

この本のカードの大きさは、すべておなじです。
きちんとじょうぎではかって、つくりましょう。

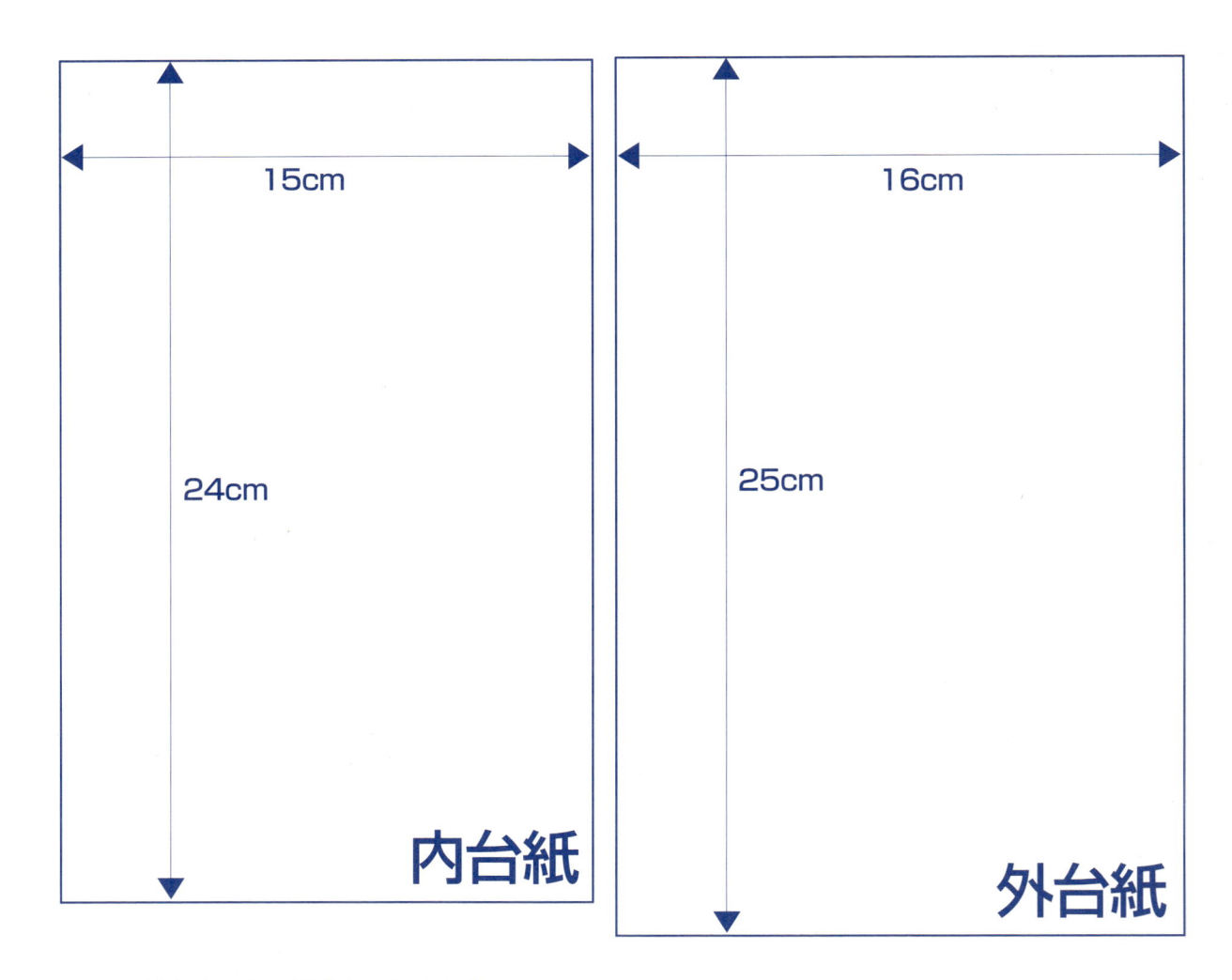

15cm
24cm
内台紙

16cm
25cm
外台紙

※200％拡大すると、原寸大になります。

台紙のじゅんびができたら、
カードをつくってみよう！

とことことこ

ぼくたちを
つくってみてね。

カードのつくりかた と 型紙

―・―・―・―・―
山折り
― ― ― ― ―
谷折り
――――――
切る

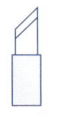

カッター　はさみ

型紙は、すべて
原寸大です。
そのままコピーして、
色画用紙をきりぬいて
ください。

A パターン

ユーカリ コアラちゃんのカード

「ユーカリの木にのぼってます。」

パーツをつくります

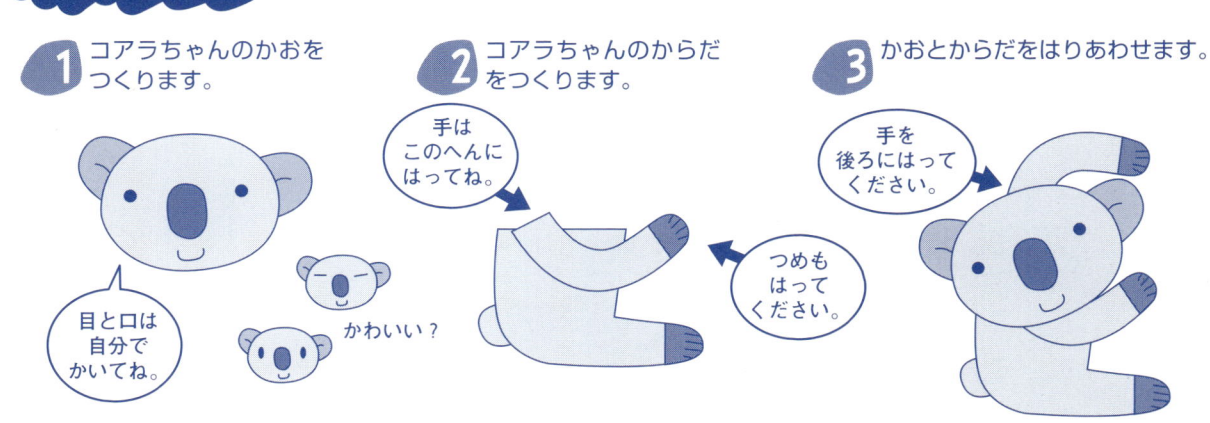

1 コアラちゃんのかおをつくります。

「目と口は自分でかいてね。」
「かわいい？」

2 コアラちゃんのからだをつくります。

「手はこのへんにはってね。」

3 かおとからだをはりあわせます。

「手を後ろにはってください。」
「つめもはってください。」

4 ユーカリの木をつくります。

5 コアラちゃんをユーカリの木にはってください。

できあがり！

「ちょっとかたむけてはってもいいよ。」

台紙をつくります

1 内台紙を半分に折って、きりこみをいれます。

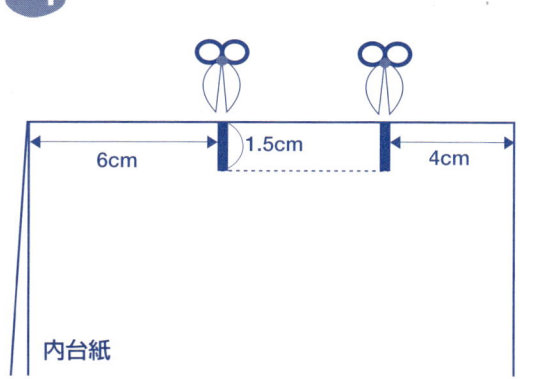

6cm　1.5cm　4cm

内台紙

2 きりこみを折ります。

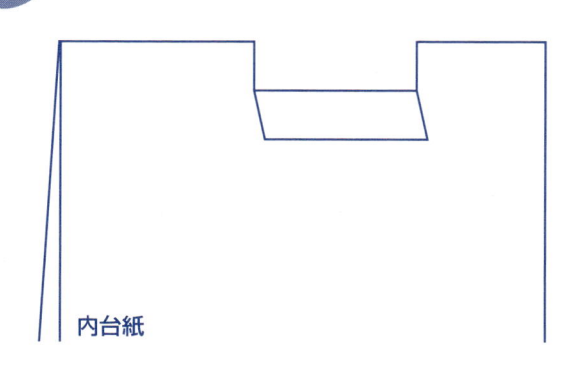

内台紙

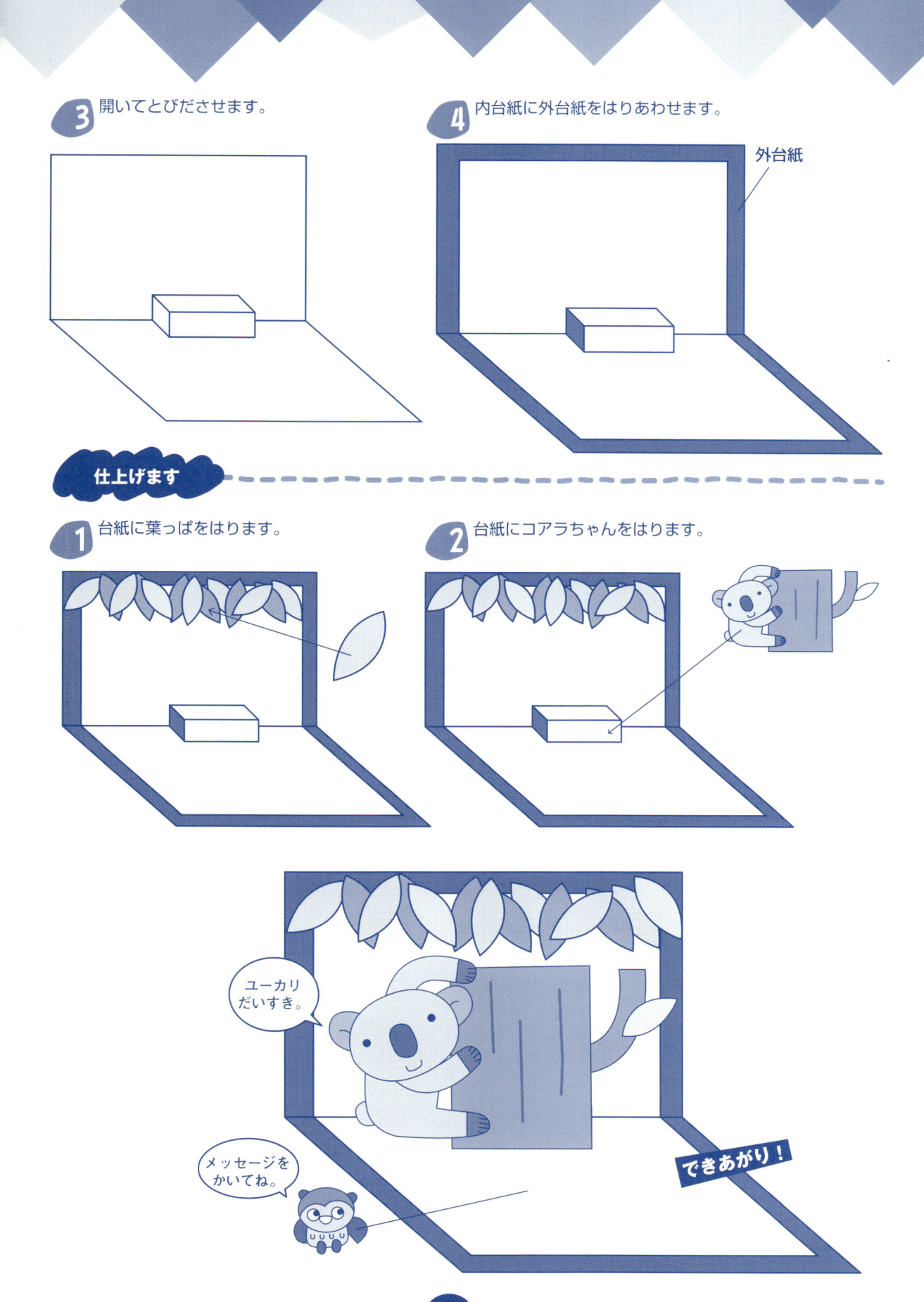

③ 開いてとびださせます。

④ 内台紙に外台紙をはりあわせます。

外台紙

仕上げます

① 台紙に葉っぱをはります。

② 台紙にコアラちゃんをはります。

ユーカリ
だいすき。

メッセージを
かいてね。

できあがり！

こんなふうにはってね
コアラちゃん

型紙

目と口は自分でかいてね。

つめも自分でかいてね。

うで
つめ
耳
耳
かお
はな
つめ
うで
からだ
しっぽ
つめ

コアラちゃんはユーカリの木の上にすんでいるんだよ。

へ〜。

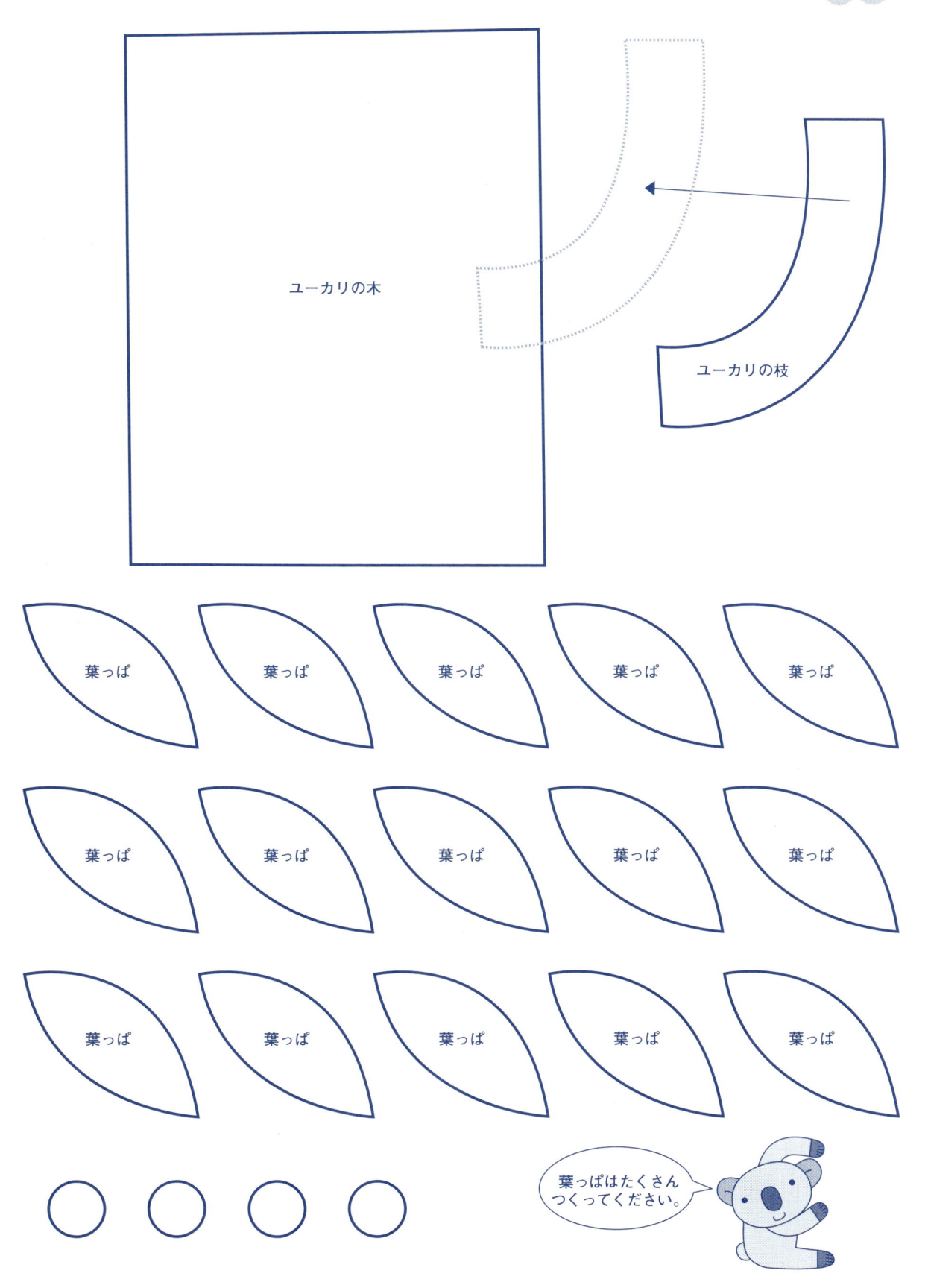

カードのつくりかたと型紙

型紙

ユーカリの木

ユーカリの枝

葉っぱ 葉っぱ 葉っぱ 葉っぱ 葉っぱ
葉っぱ 葉っぱ 葉っぱ 葉っぱ 葉っぱ
葉っぱ 葉っぱ 葉っぱ 葉っぱ 葉っぱ

葉っぱはたくさんつくってください。

A パターン

おしゃべりライオンさんのカード

ななめにとびだすカードだよ。

パーツをつくります

1 ライオンさんのかおをつくります。

かおの後ろに耳をはってね。

目と口は自分でかいてね。

2 かおにたてがみをはります。

3 かおとからだをはりあわせます。

かおができたぞ。

4 からだの後ろに手をはります。

できあがり！

5 ふきだしをきりぬいておきましょう。

メッセージをかいてね。

台紙をつくります

1 内台紙を半分に折って、きりこみをいれます。

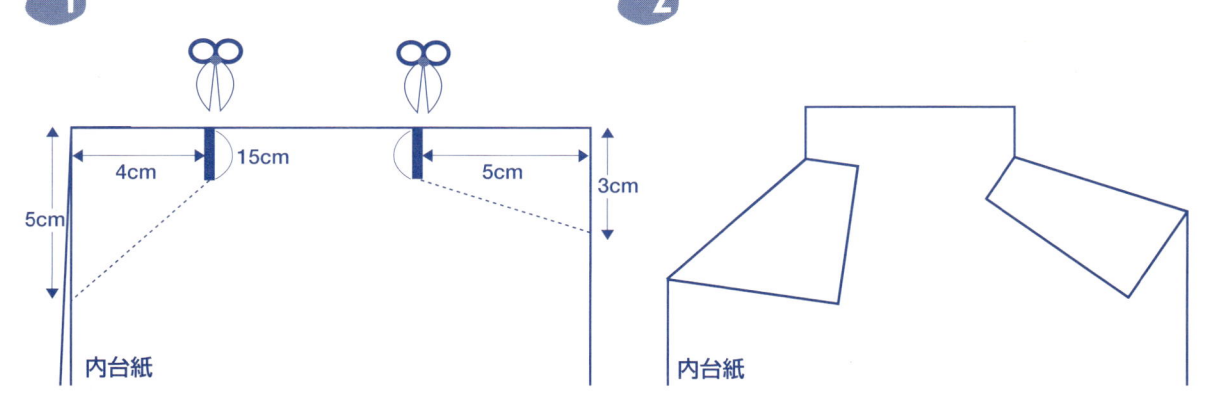

4cm　15cm　5cm　3cm　5cm

内台紙

2 きりこみを折ります。

内台紙

3 開いてとびださせます。

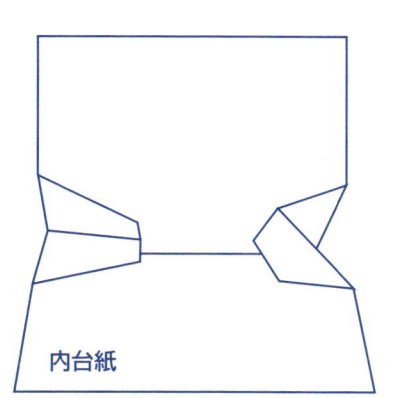

内台紙

4 内台紙に外台紙をはりあわせます。

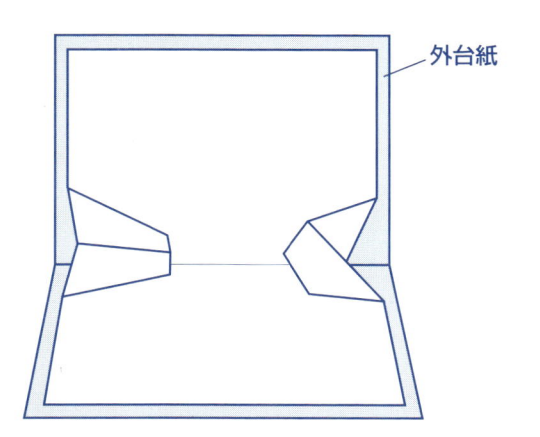

外台紙

仕上げます

1 ライオンさんをはります。

2 ふきだしをはります。

できあがり！

きょうも
元気です！

メッセージを
かいてね。

こんなふうにはってね
ライオンさん

型紙

メッセージをかいてね。

耳

耳の中

かお

耳

耳の中

目

目

はな

目

目

ライオンだぞー。
ガオー

目とはなと口は
自分でかいても
いいよ。

ひげもかいてね。

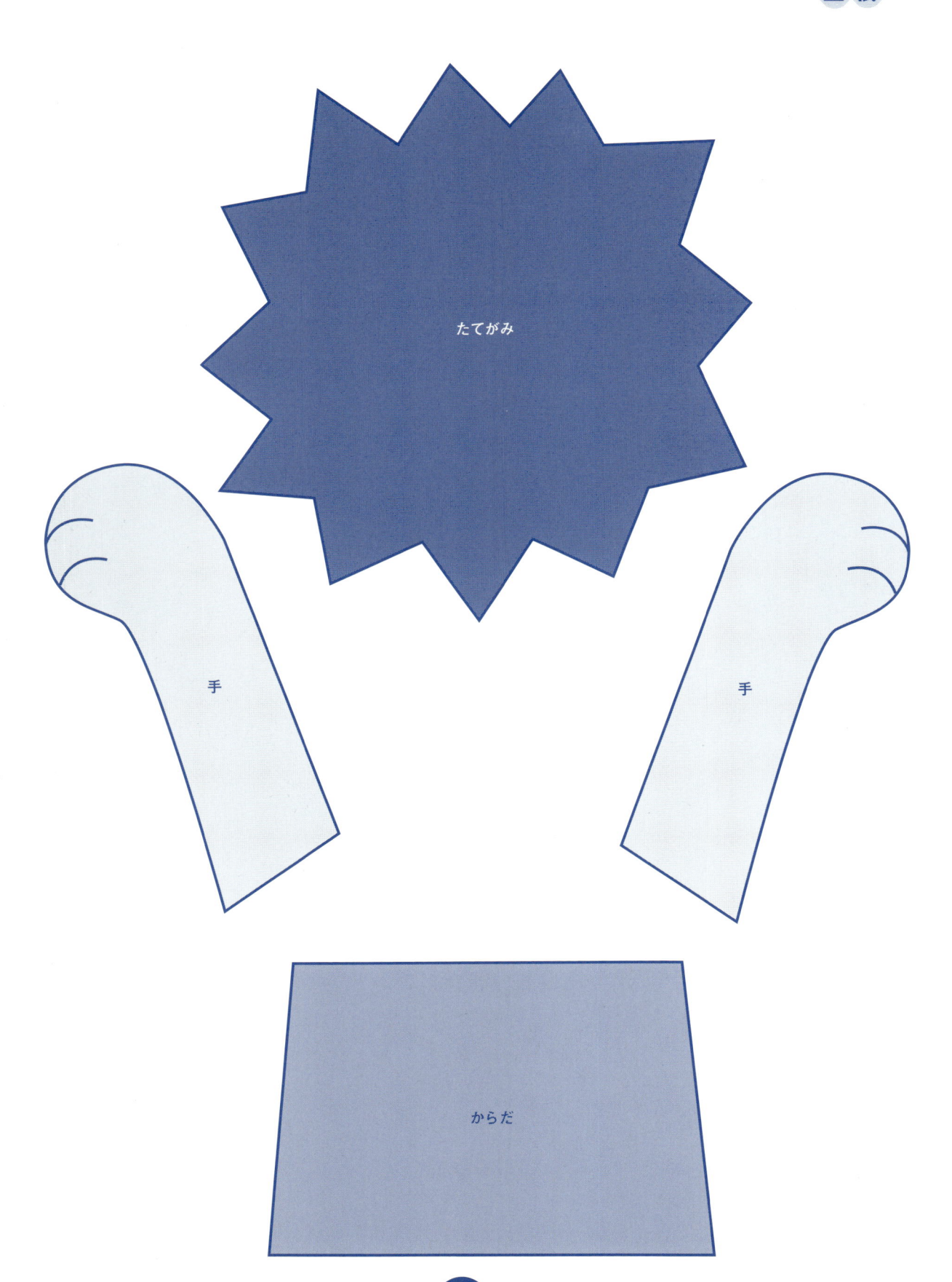

カードのつくりかたと型紙

型紙

たてがみ

手

手

からだ

Ⓐ パターン
ハリネズミちゃんのおさんぽカード

おさんぽしようよ。

うん、いいよ！

パーツをつくります

1 ハリネズミちゃんのせなかとからだをはります。

せなかにハリをはってね。

2 足をはります。

3 耳をはります。

できあがり！

2ひきつくってね～。

テケテケテケ

目とはなと口は自分でかいてね。

テケテケテケ

こんなふうにはってね

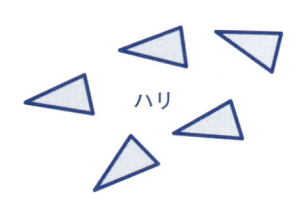

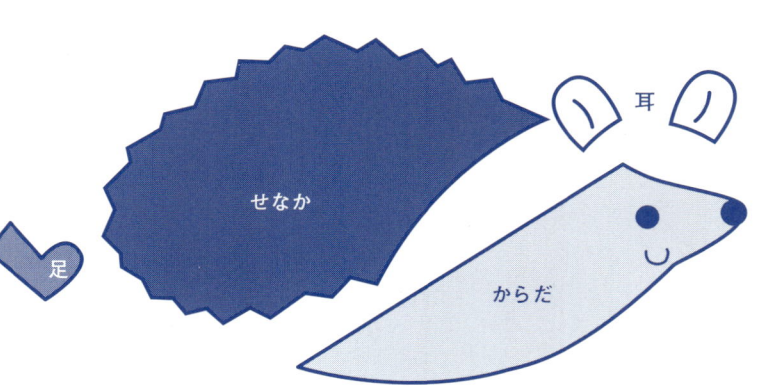

ハリネズミちゃん

こんにちは～。

型紙

ハリ

せなか

耳

からだ

足　足　足　足

台紙をつくります

1 内台紙を半分に折って、折りせんにそって折ります。

2.5cm　6.5cm　6.5cm　内台紙

2 開いてとびださせます。

三角にとびだすよ。

内台紙

3 内台紙に外台紙をはりあわせます。

外台紙

仕上げます

1 内台紙にハリネズミちゃんをはります。

お花のシールをはってもかわいいよ。

メッセージをかいてね。

できあがり！

型紙

耳　からだ　せなか　ハリ　足　足　足　足

草　草

A パターン

つきのわぐまさんの カード

おはよう ございます。

パーツをつくります

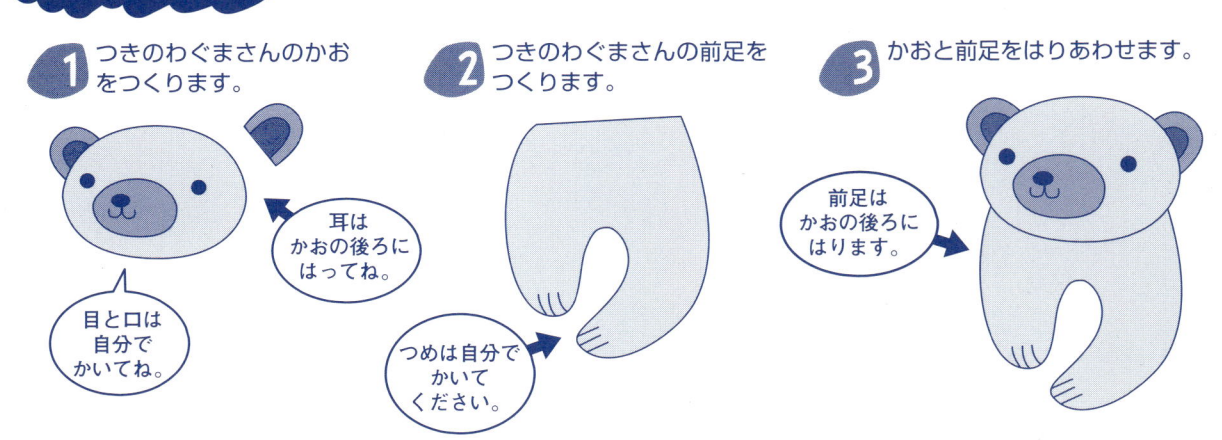

1 つきのわぐまさんのかお をつくります。

耳は かおの後ろに はってね。

目と口は 自分で かいてね。

2 つきのわぐまさんの前足を つくります。

つめは自分で かいて ください。

3 かおと前足をはりあわせます。

前足は かおの後ろに はります。

4 後ろ足をつくります。

しっぽも はって ください。

5 ❸でつくったかおと前足に 後ろ足をはります。

月をむねにはってね。

できあがり！

台紙をつくります

1 内台紙を半分に折って、きりこみをいれます。

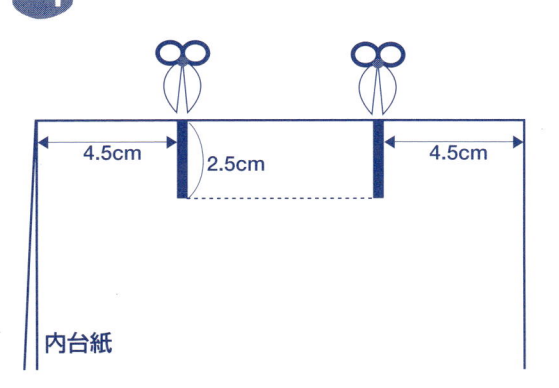

4.5cm　2.5cm　4.5cm

内台紙

2 きりこみを折ります。

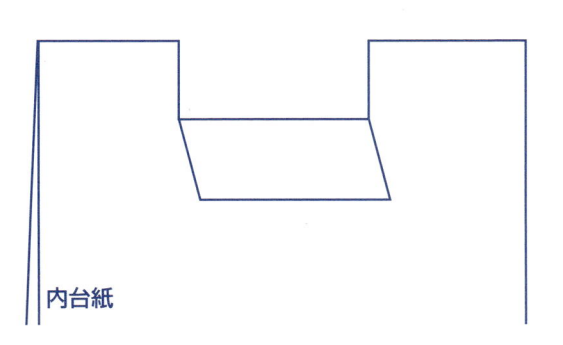

内台紙

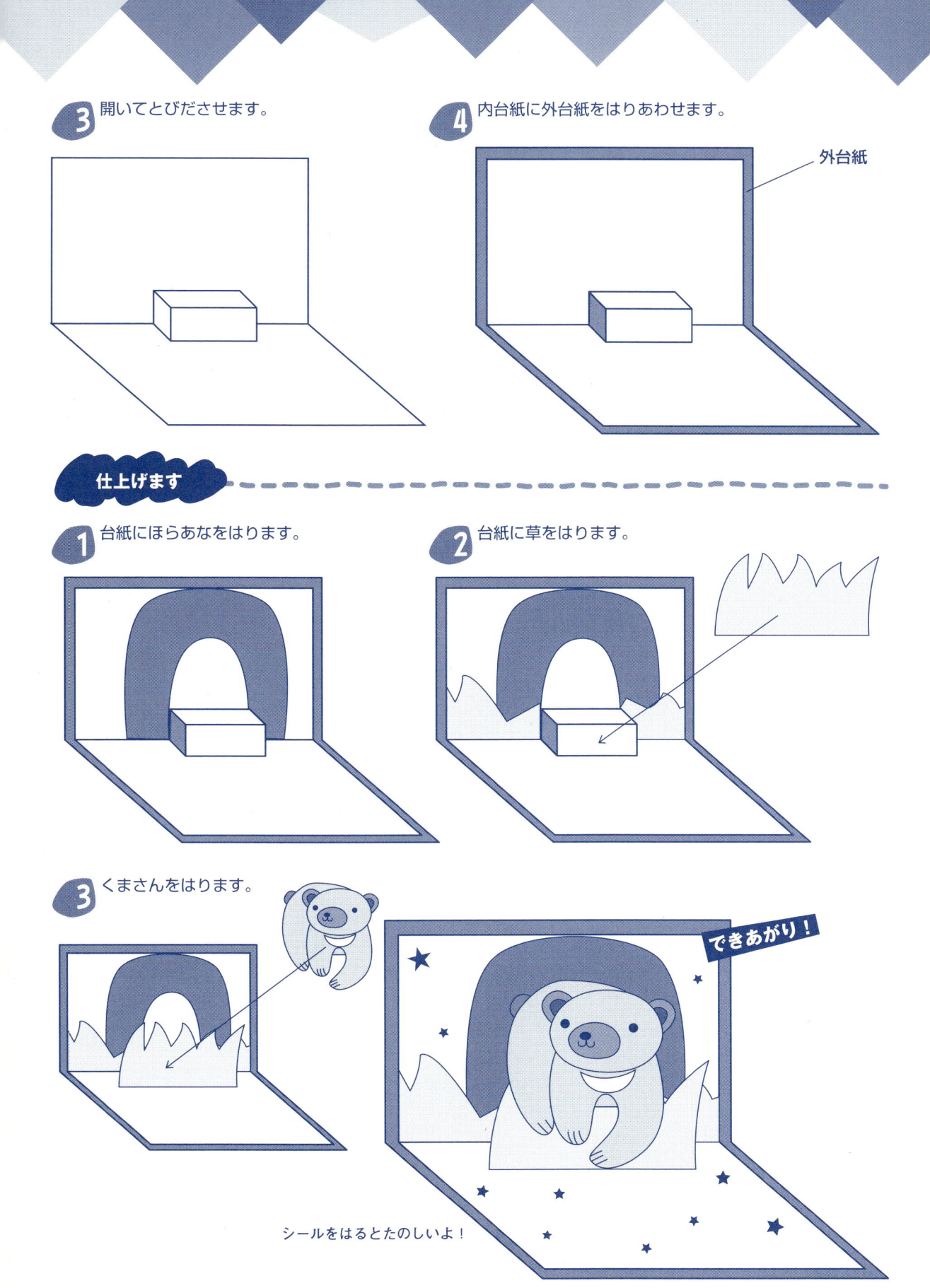

3 開いてとびださせます。

4 内台紙に外台紙をはりあわせます。
外台紙

仕上げます

1 台紙にほらあなをはります。

2 台紙に草をはります。

3 くまさんをはります。

できあがり！

シールをはるとたのしいよ！

こんなふうにはってね
つきのわぐまさん

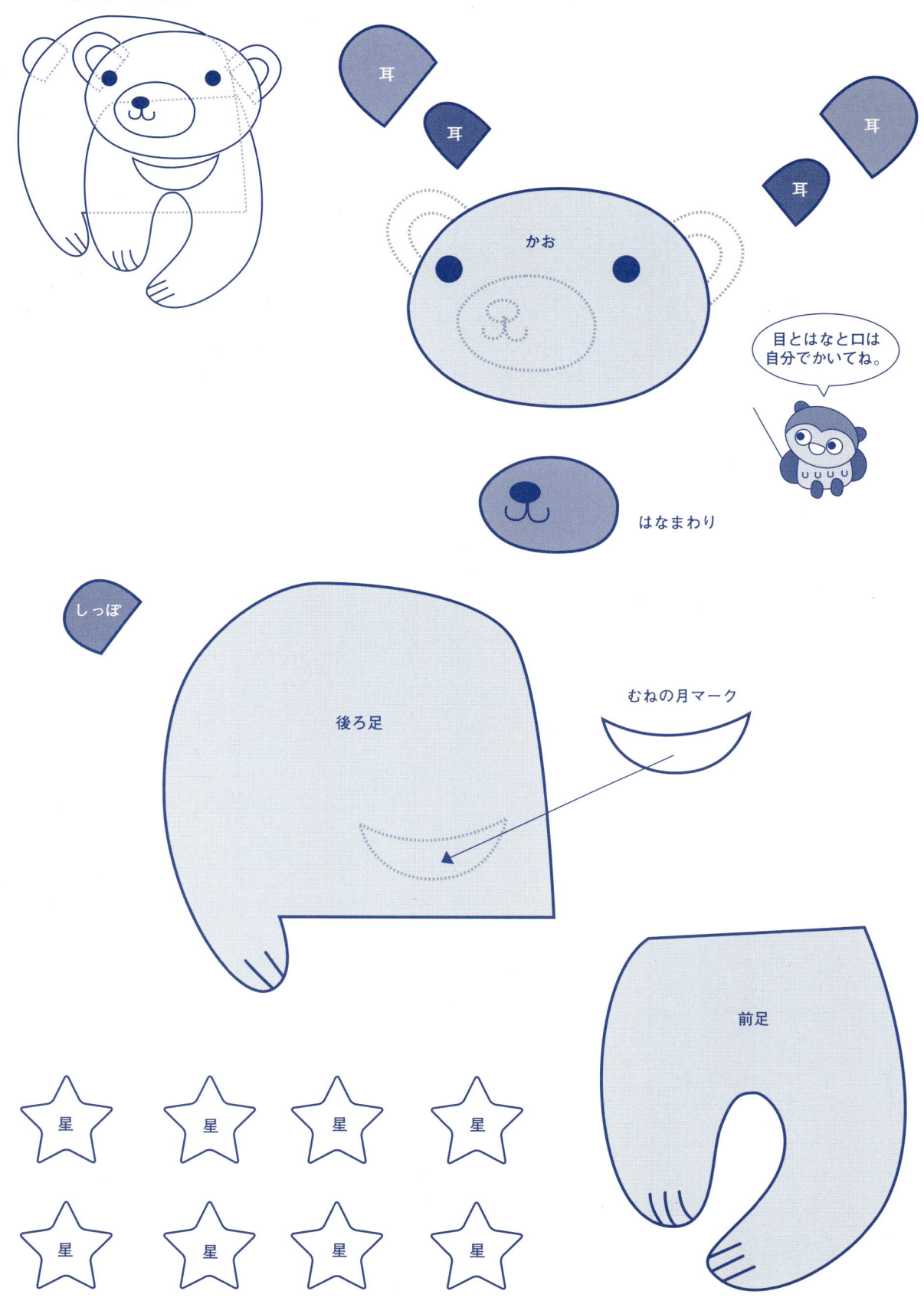

型紙

耳　耳　耳　耳

かお

はなまわり

目とはなと口は
自分でかいてね。

しっぽ

後ろ足

むねの月マーク

前足

星　星　星　星

星　星　星　星

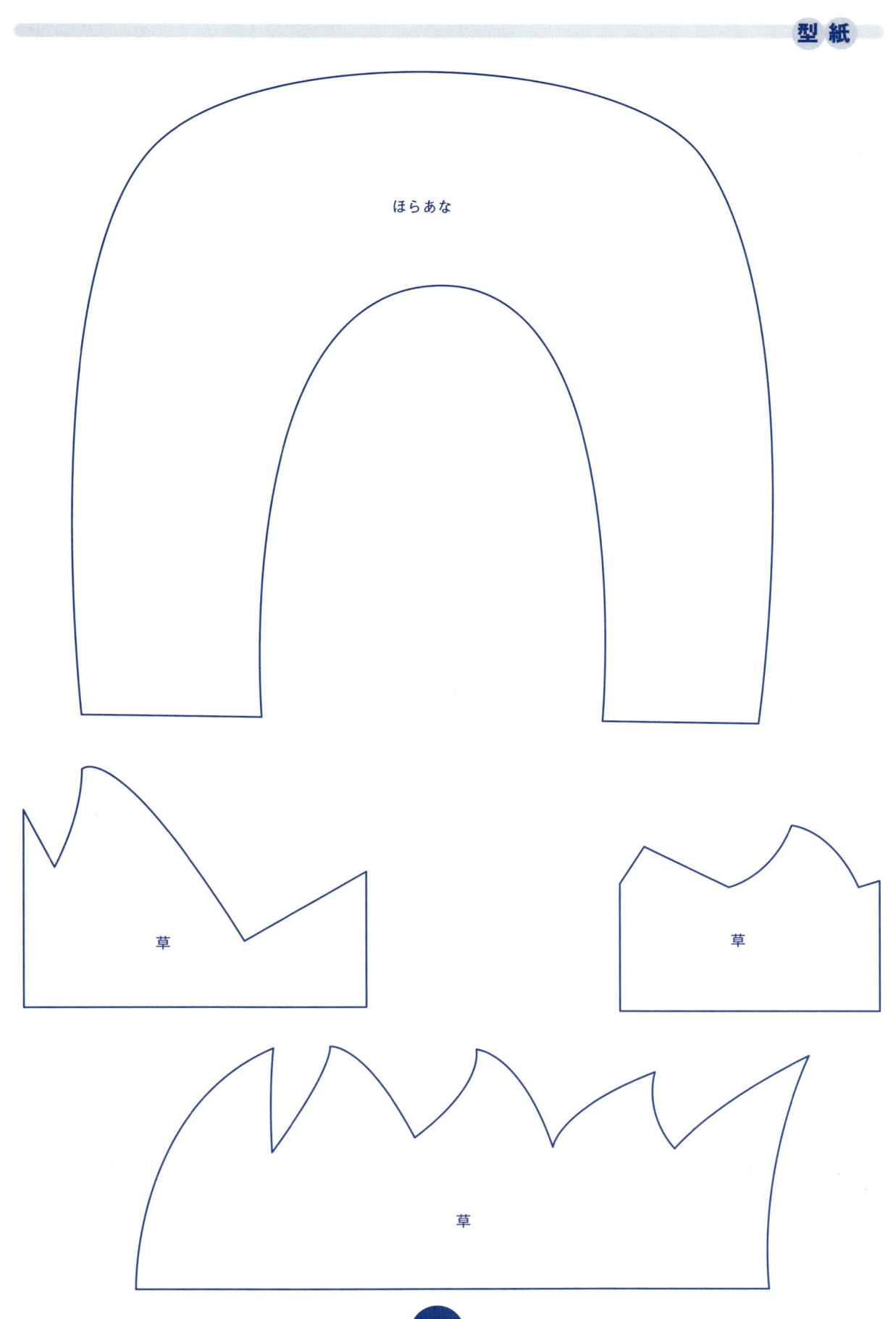

カードのつくりかたと型紙

型 紙

ほらあな

草

草

草

Ⓐ パターン
カピバラさん親子のカード

おとうさん　ぼくちゃん　とことことこ

パーツをつくります

1 カピバラさんのからだをつくります。

わたしはおとうさんです。
耳をからだの後ろにはってね。

2 足をつくります。

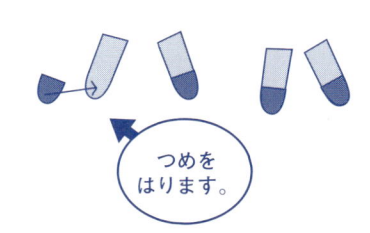

つめをはります。

3 からだと足をはりあわせます。

できあがり!

目とはなと口は自分でかいてね。

4 もう1ぴきつくってね。

ぼくちゃんです。

台紙をつくります

1 内台紙を半分に折って、折りせんにそって折ります。

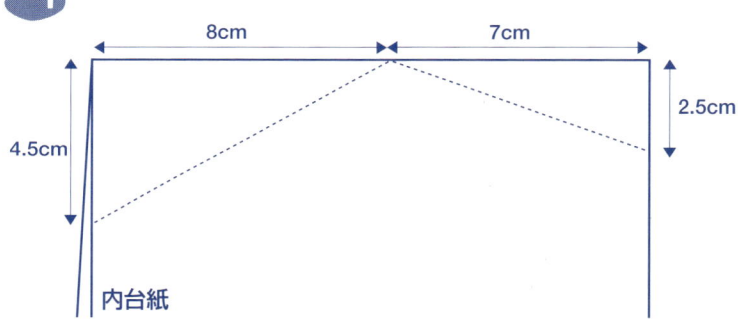

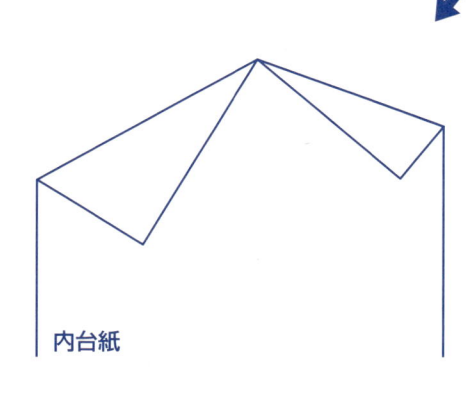

8cm　7cm　2.5cm　4.5cm

内台紙

2 開いてとびださせます。

三角にとびだすよ。

内台紙

内台紙

3 内台紙に外台紙をはりあわせます。

外台紙

仕上げます

1 台紙に草をはります。

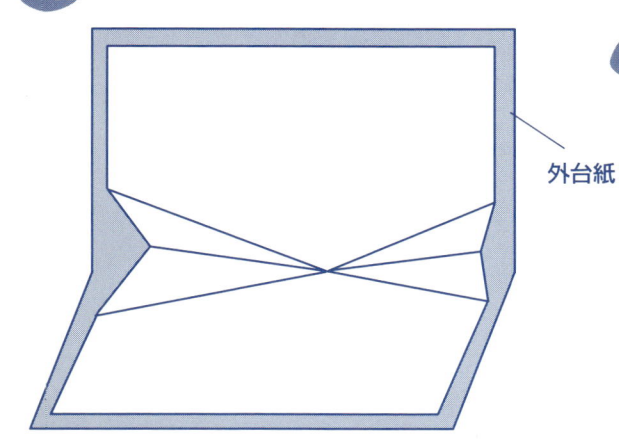

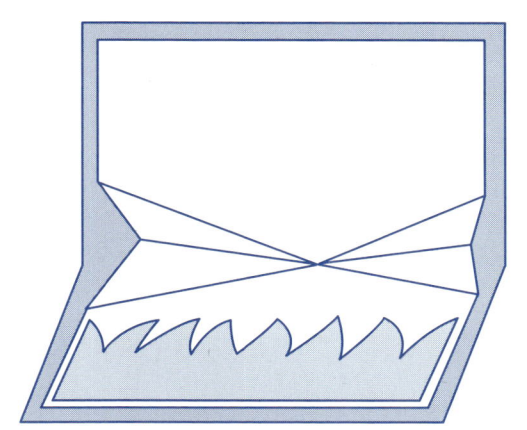

2 台紙にくもをはります。

3 台紙にカピバラさん親子(おやこ)をはります。

できあがり！

おとうさん
について
おいで。

どこに
いくのかな？

こんなふうにはってね

カピバラのおとうさん

型紙

とことことこ

耳　耳

はな

目とはなと口は
自分でかいてね。

からだ

足　足　足　足

つめ　つめ　つめ　つめ

草

カードのつくりかたと型紙

こんなふうにはってね

カピバラのぼくちゃん

とことことこ

型紙

耳　耳

はな

目とはなと口は
自分でかいてね。

からだ

足　足　足　足

つめ　つめ　つめ　つめ

くも　くも　くも

Ⓐ パターン
プレーリードッグちゃん ABブラザーズのカード

B次郎　A太郎

パーツをつくります

1 A太郎のかおをつくります。
耳はかおの後ろにはってね。
目と口は自分でかいてね。

2 A太郎のからだをはりあわせます。

3 土をはってから、手をはります。
手はからだの後ろにはってね。
できあがり！

4 B次郎のかおをつくります。
耳はかおの後ろにはってね。
目と口は自分でかいてね。

5 B次郎のからだをはりあわせます。

6 土をはってから、手をはります。
わ〜い。
手はからだの後ろにはってね。
できあがり！

台紙をつくります

1 内台紙を半分に折って、きりこみをいれます。

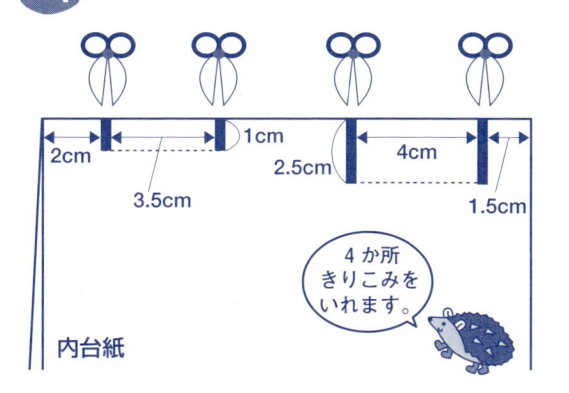

2cm　3.5cm　1cm　2.5cm　4cm　1.5cm

4か所きりこみをいれます。

内台紙

2 きりこみを折ります。

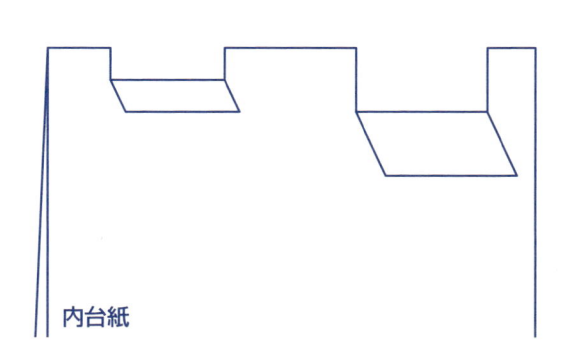

内台紙

40

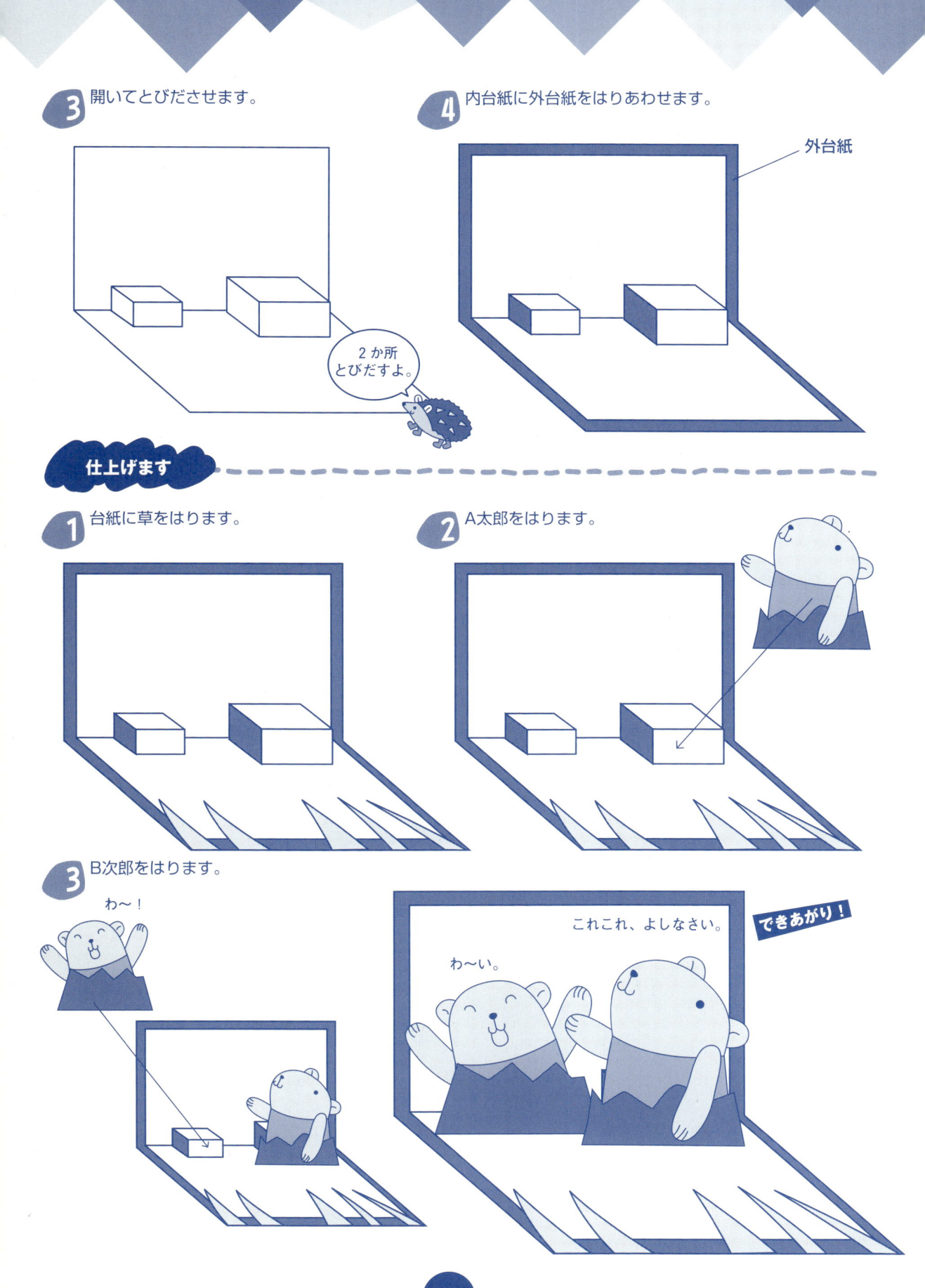

3 開いてとびださせます。

2か所とびだすよ。

4 内台紙に外台紙をはりあわせます。

外台紙

仕上げます

1 台紙に草をはります。

2 A太郎をはります。

3 B次郎をはります。

わ～！

これこれ、よしなさい。

わ～い。

できあがり！

こんなふうにはってね
A太郎

型紙

耳

耳

かお

手

手

目とはなと口は
自分でかいてね。

からだ

土

草

草

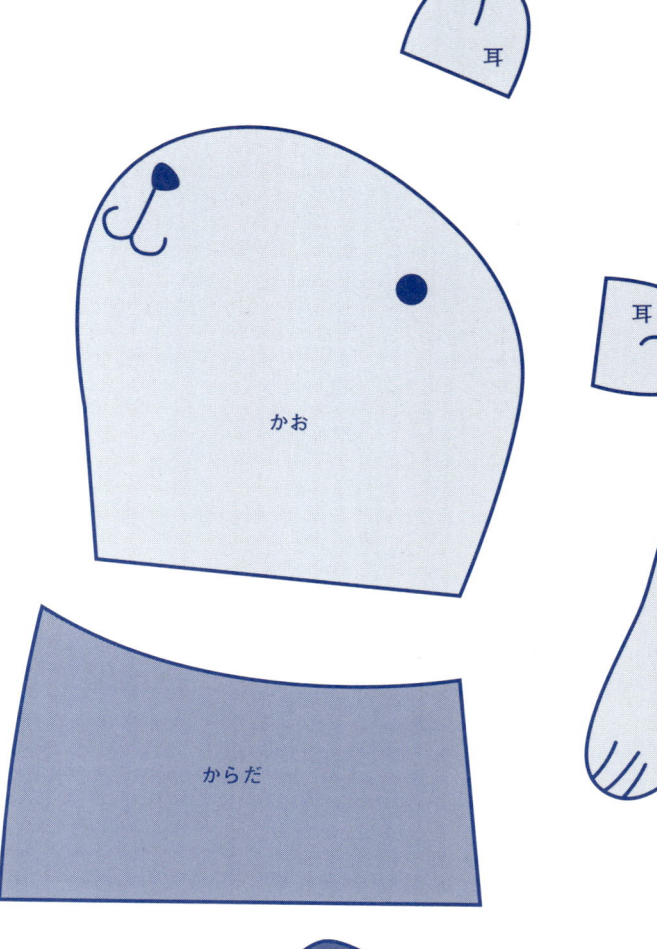

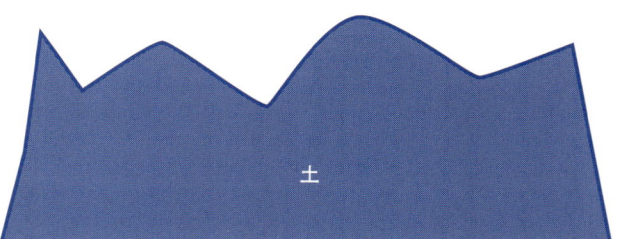

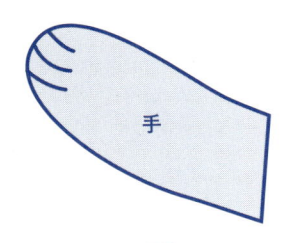

こんなふうにはってね
B次郎

型紙

カードのつくりかたと型紙

耳 / 耳 / かお / 手 / 手 / からだ / 土 / 草 / 草 / 草

Ⓐ パターン
サーカス ぞうさんのカード

みんな みにきてね～。

わー！ わー！ がんばれー！

パーツをつくります

1 ぞうさんのかおをつくります。

耳はかおの後ろにはってね。

目と口は自分でかいてね。

2 ぞうさんのかおとからだをはりあわせます。

3 前足をはります。

できあがり！

からだの後ろにはってね。

4 台をつくります。

はりあわせます。

5 かざりをつけます。

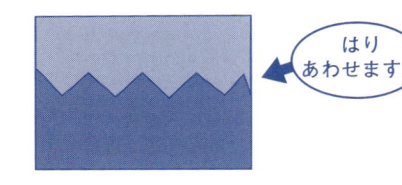

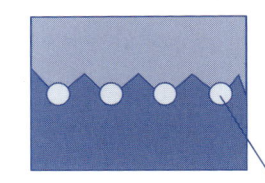

シールをはってもいいね。

台紙をつくります

1 内台紙を半分に折って、きりこみをいれます。

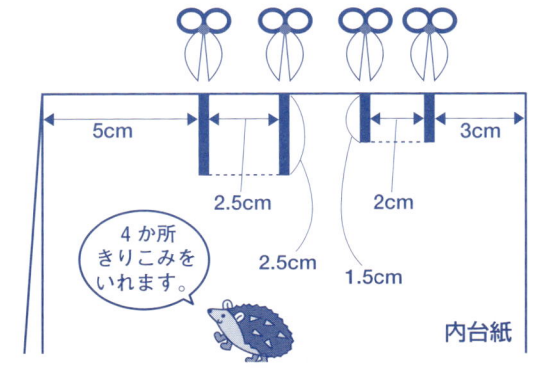

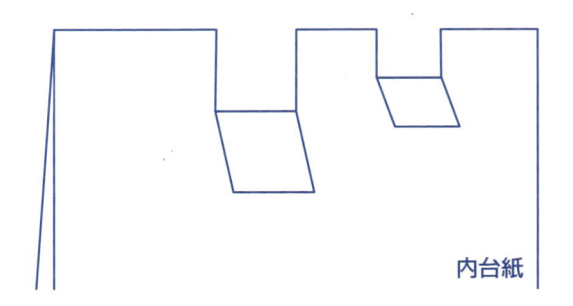

5cm　2.5cm　2.5cm　2cm　1.5cm　3cm

4か所きりこみをいれます。

内台紙

2 きりこみを折ります。

内台紙

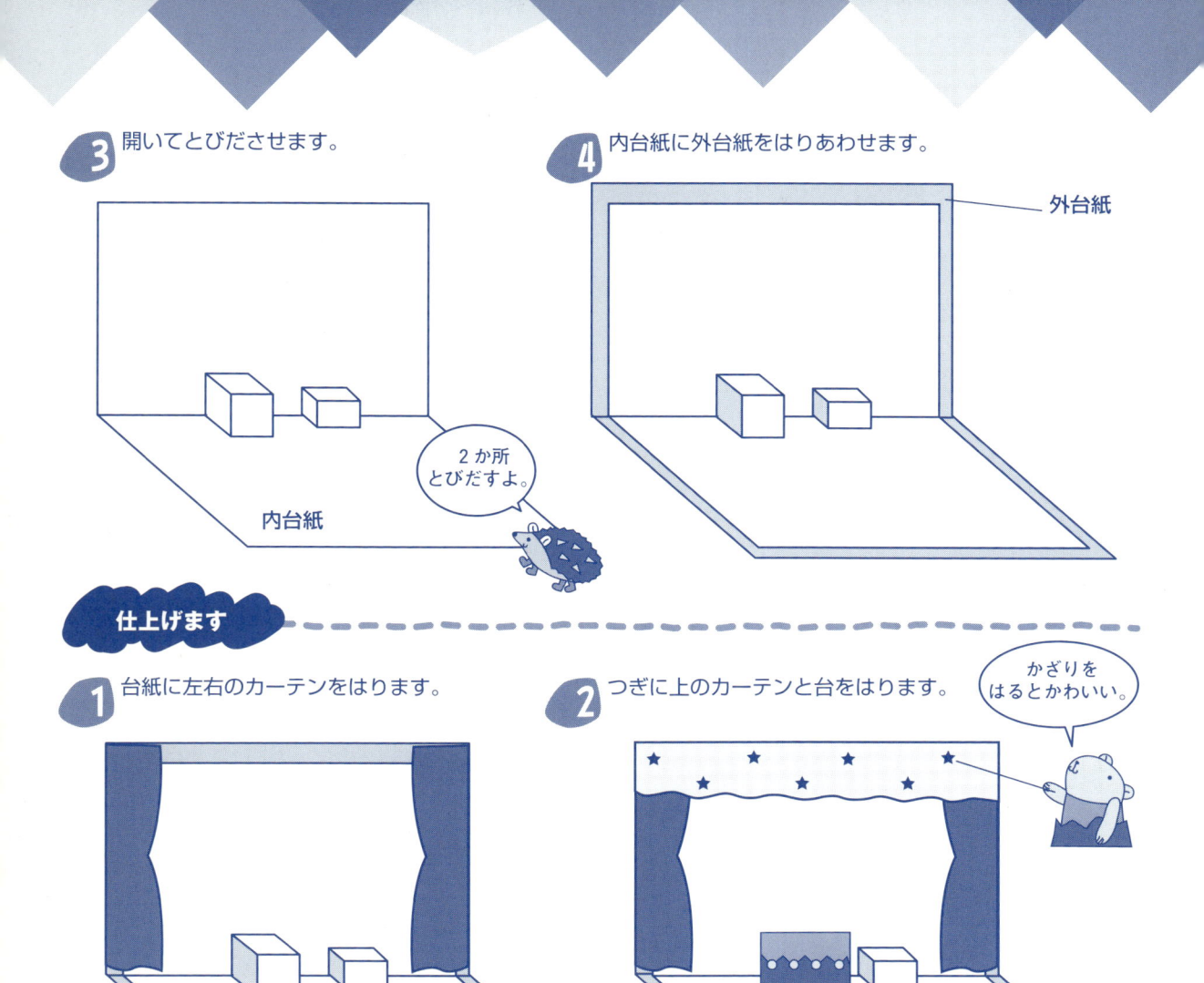

3 開いてとびださせます。

2か所とびだすよ。

内台紙

4 内台紙に外台紙をはりあわせます。

外台紙

仕上げます

1 台紙に左右のカーテンをはります。

2 つぎに上のカーテンと台をはります。

かざりをはるとかわいい。

3 ぞうさんをはります。

後ろ足だけのりをつけてはります。

メッセージをかいてね。

学芸会にきてください

できあがり！

こんなふうにはってね
ぞうさん

型紙

パオーン！

目や口やはなは自分でかいてね。

耳

かお

耳

足

足

からだ

しっぽ

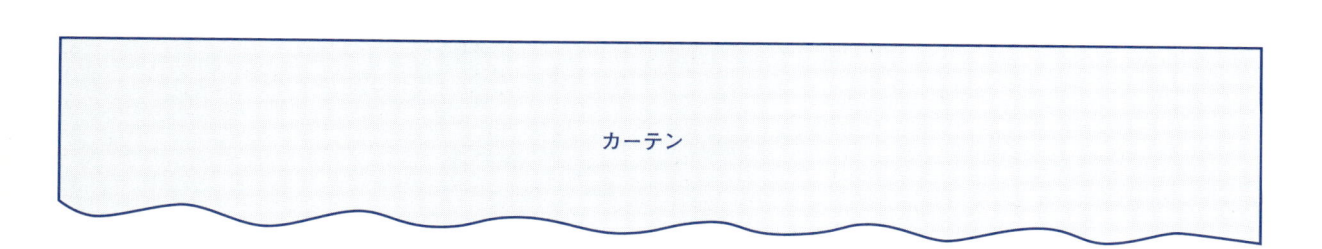

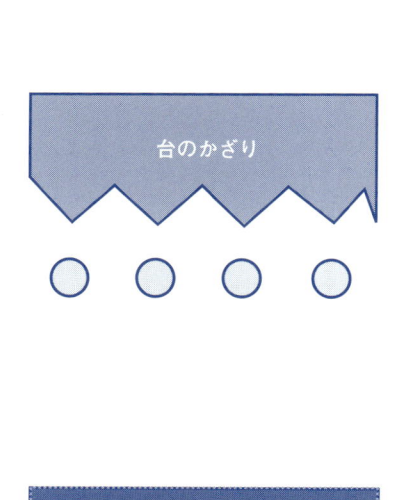

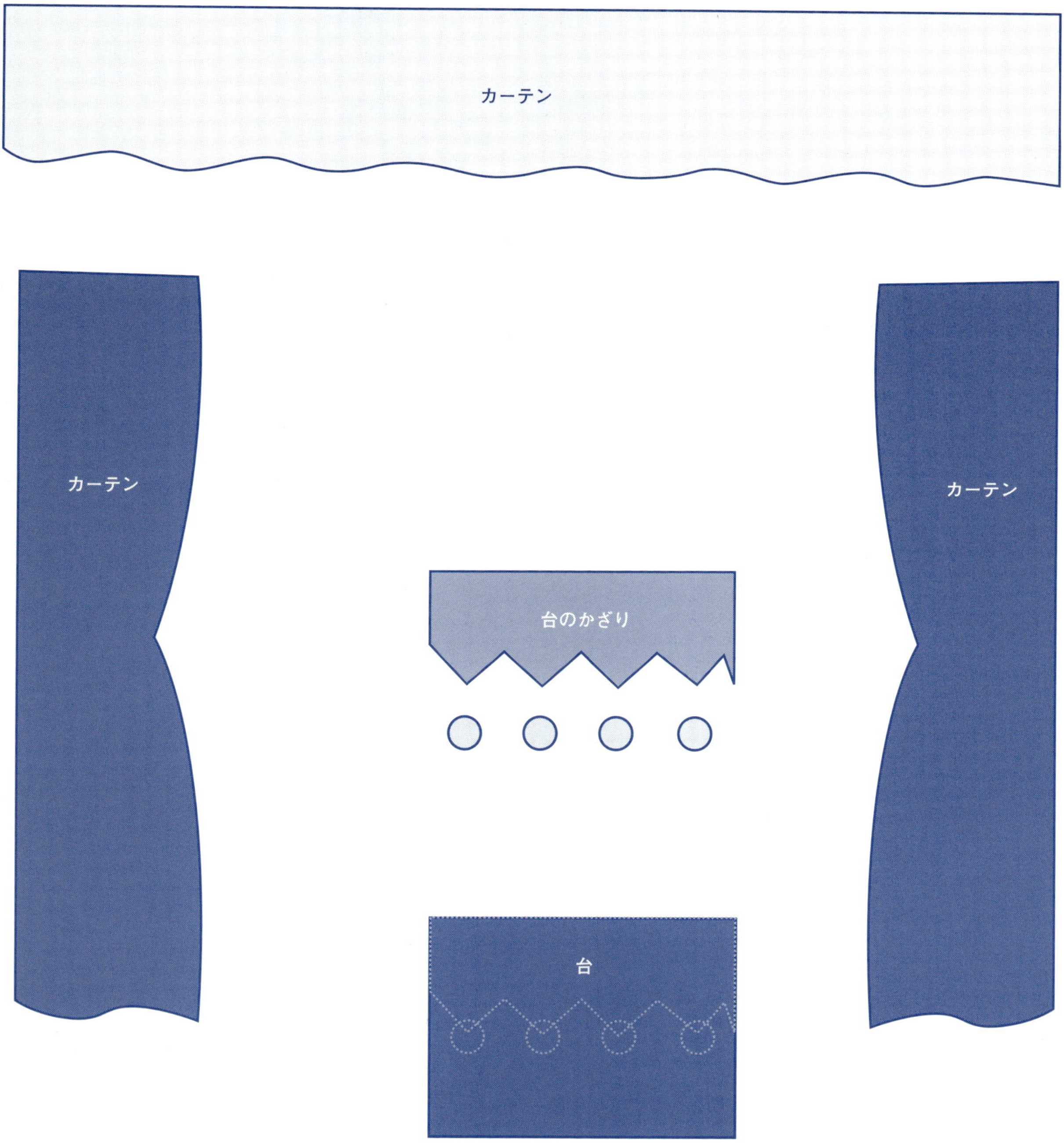

カードのつくりかたと型紙
型紙

カーテン

カーテン　　　　　　　　　　　　　　　　　　　　　カーテン

台のかざり

台

Bパターン
おさかなちょうだい！ペリカンさんのカード

にげろ〜。
まて〜。

パーツをつくります

1 ペリカンさんのくちばしとくびをはりあわせます。

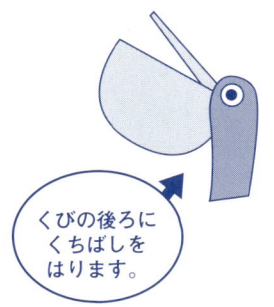

くびの後ろにくちばしをはります。

2 １とからだをはりあわせます。

3 はねをはります。

4 足をはります。ペリカンさんのできあがり。

できあがり！

5 おさかなちゃんもつくっておいてね。

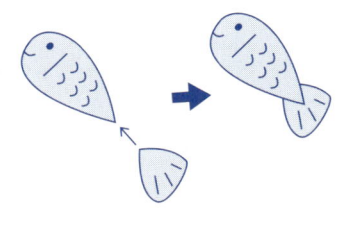

台紙をつくります

1 内台紙にきりこみをいれてから、台紙を折ります。

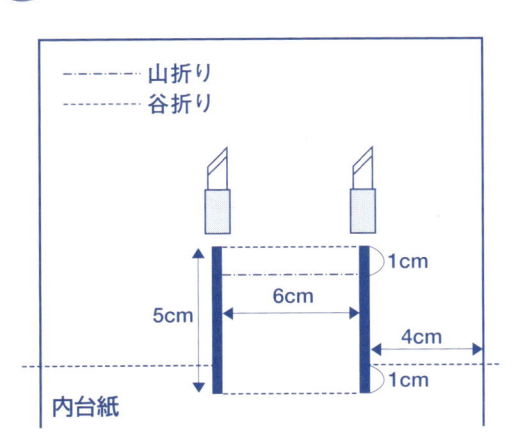

----- 山折り
・・・・・ 谷折り

1cm
5cm
6cm
4cm
1cm
内台紙

2 台紙を半分に折ってきりこみを折ります。

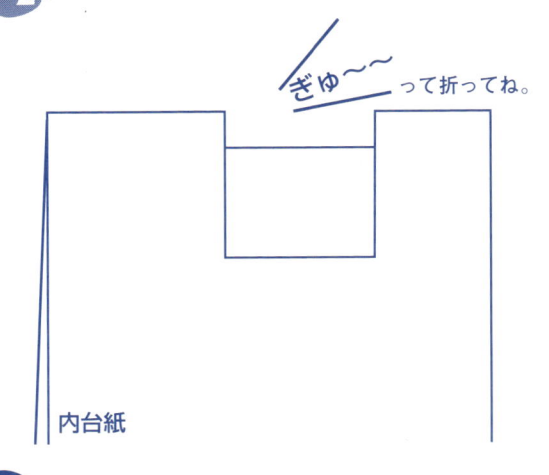

ぎゅ〜〜って折ってね。

内台紙

3 開いてとびださせます。

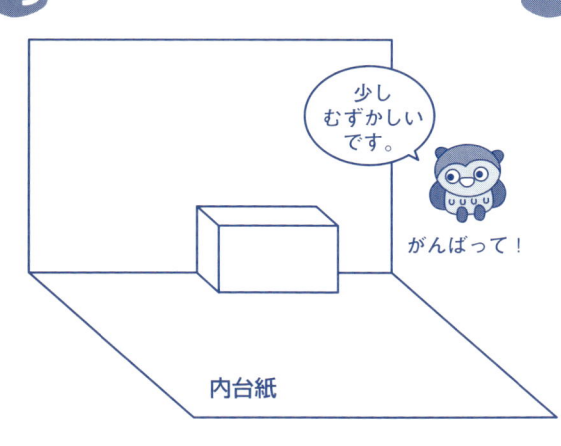

少し
むずかしい
です。

がんばって！

内台紙

4 内台紙に外台紙をはりあわせます。

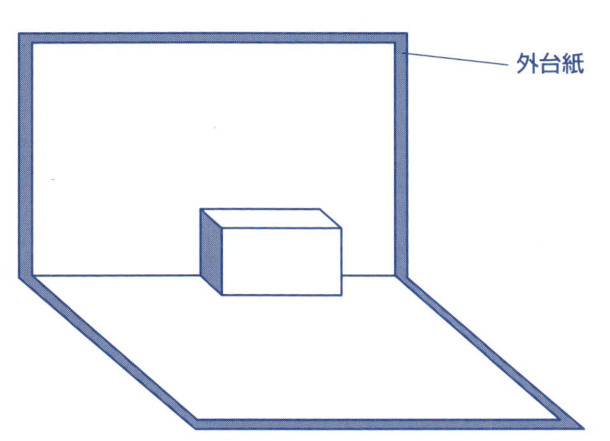

外台紙

仕上げます

1 台紙に波をはります。

2 水しぶきとおさかなちゃんをはります。

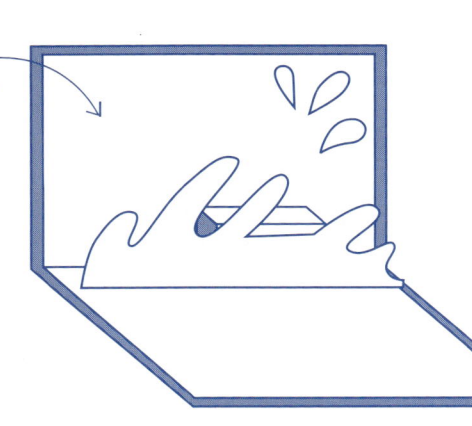

3 ペリカンさんをはります。

やだよー。

おさかなちゃん、
まって〜〜。

できあがり！

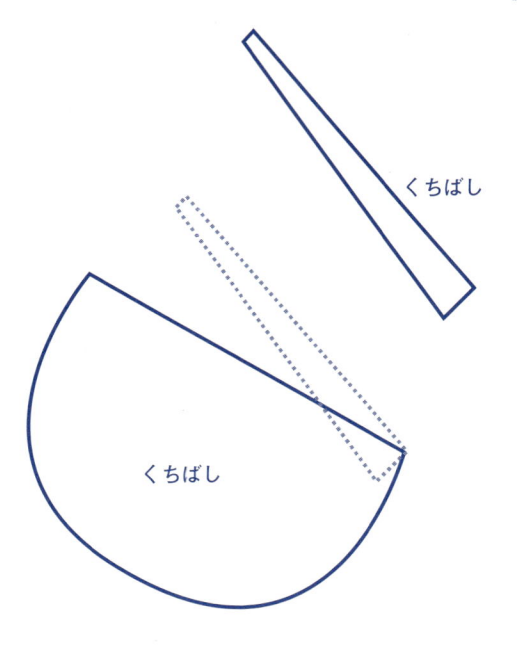

こんなふうにはってね
モモイロペリカン

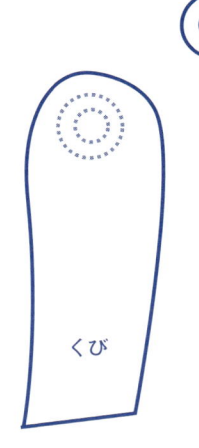

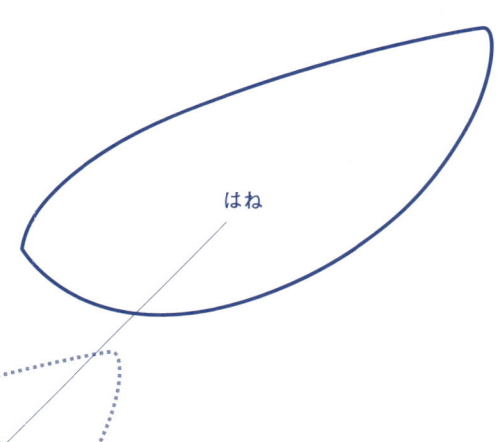

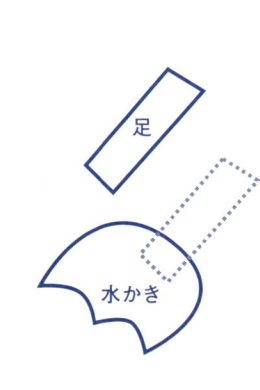

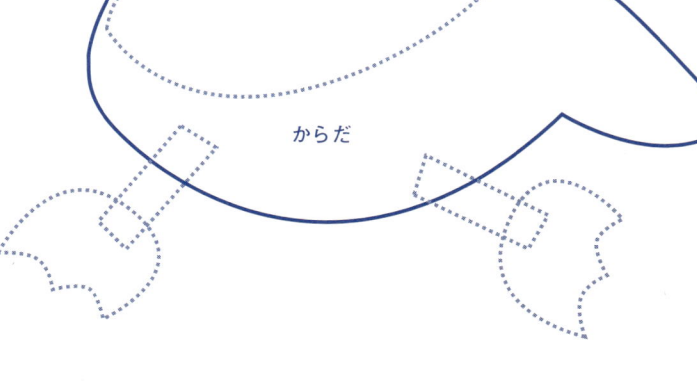

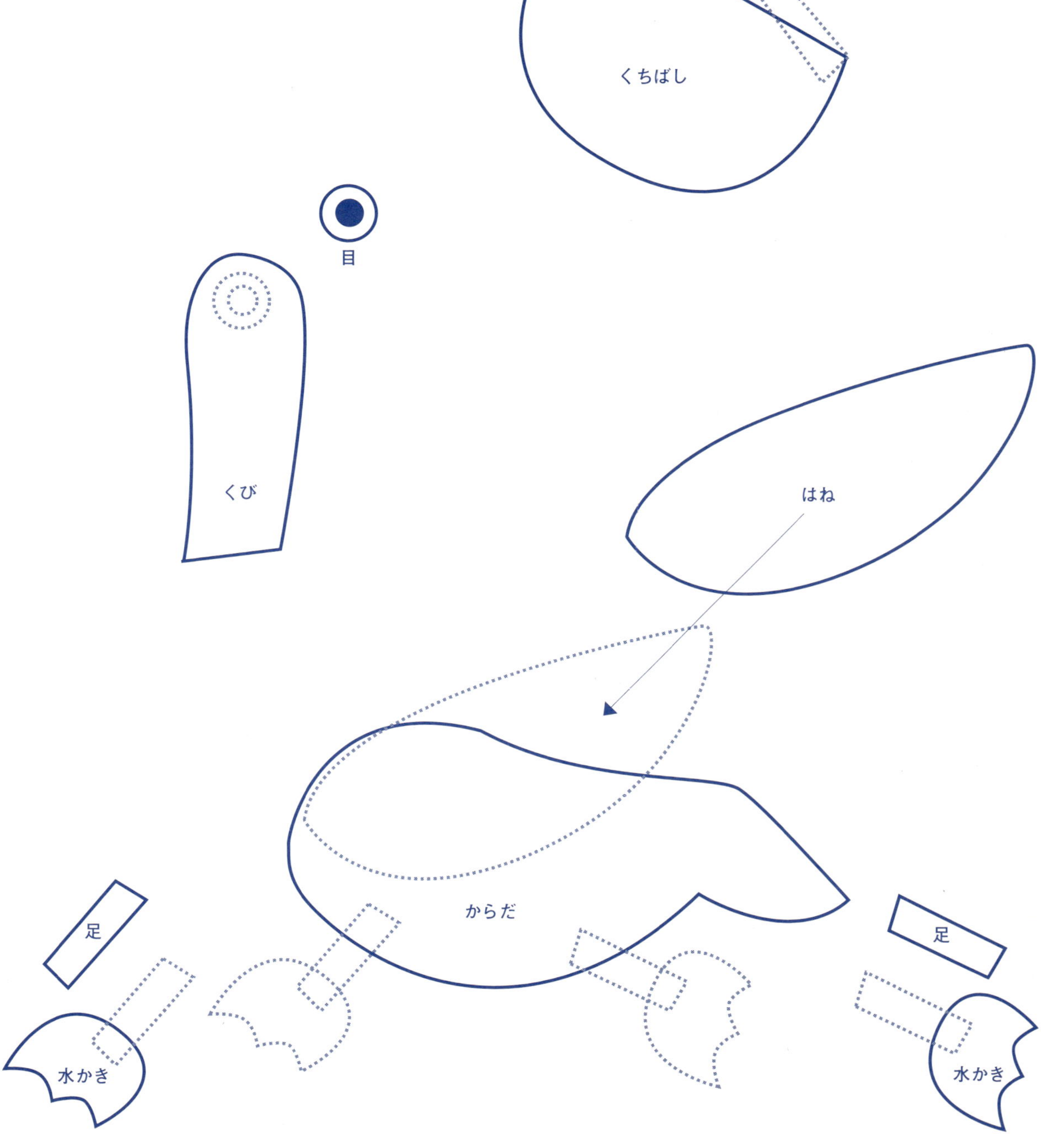

型紙

くちばし

くちばし

● 目

くび

はね

からだ

足

足

水かき

水かき

カードのつくりかたと型紙

こんなふうにはってね
おさかなちゃん

型 紙

かおとうろこは
自分でかいてね。

からだ

おびれ

水しぶき

波

にげろ〜。

おさかなちょうだい。

A パターン
ボールあそび アシカちゃんのカード

パーツをつくります

1 アシカちゃんにはなと耳をはります。

ひげもかいてね。

耳

ちいさいからなくさないようにね。

2 アシカちゃんに手をはります。

手はからだの後ろにはってください。

3 しっぽもきりぬいておいてください。

できあがり！

4 ボールをつくります。

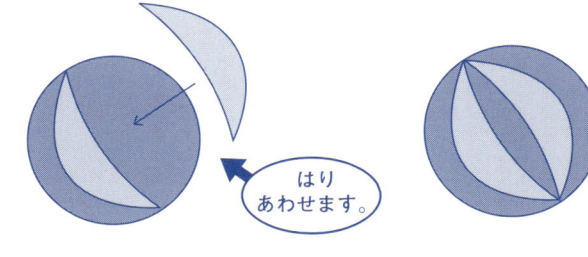

はりあわせます。

5 ボールのできあがり。

6 アシカちゃんのはなにボールをはりましょう。

台紙をつくります

1 波1が内台紙になります。折ってきりこみをいれます。

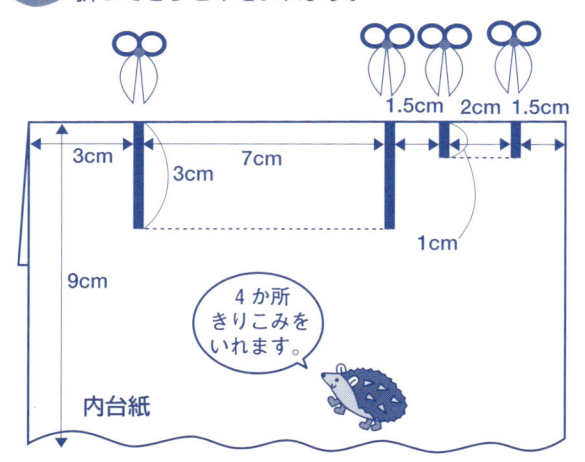

3cm　3cm　7cm　1.5cm　2cm　1.5cm

1cm

9cm

4か所きりこみをいれます。

内台紙

2 きりこみを折ります。

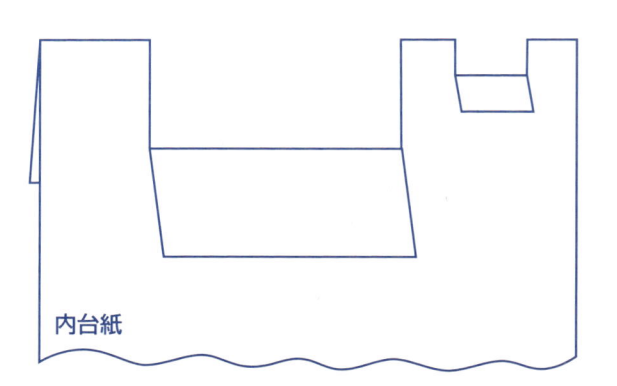

内台紙

3 開いてとびださせます。

内台紙

2か所とびだすよ。

4 内台紙に外台紙をはりあわせます。

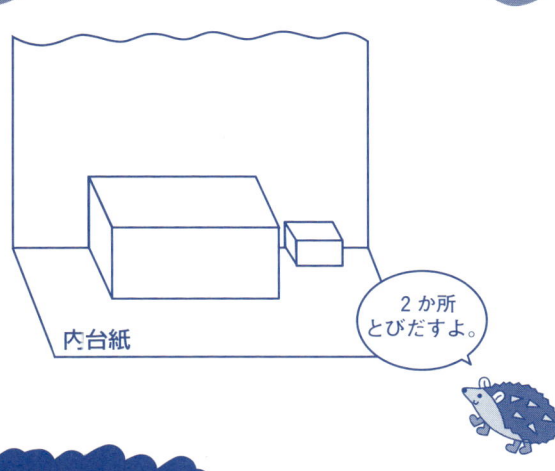

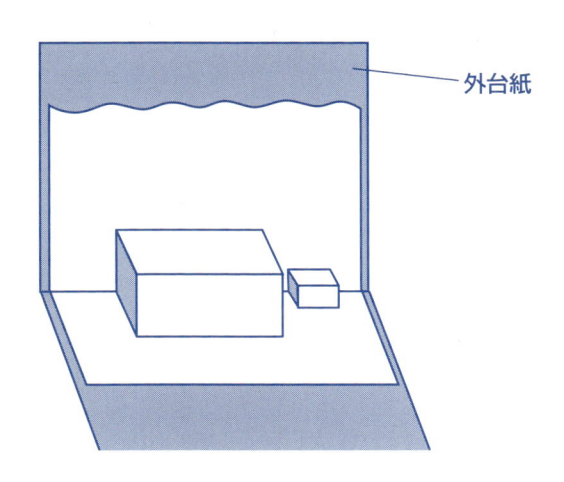

外台紙

仕上げます

1 台紙にアシカちゃんをはります。

外台紙

2 しっぽもはりましょう。

3 波2を折ってはりあわせます。

できあがり！

53

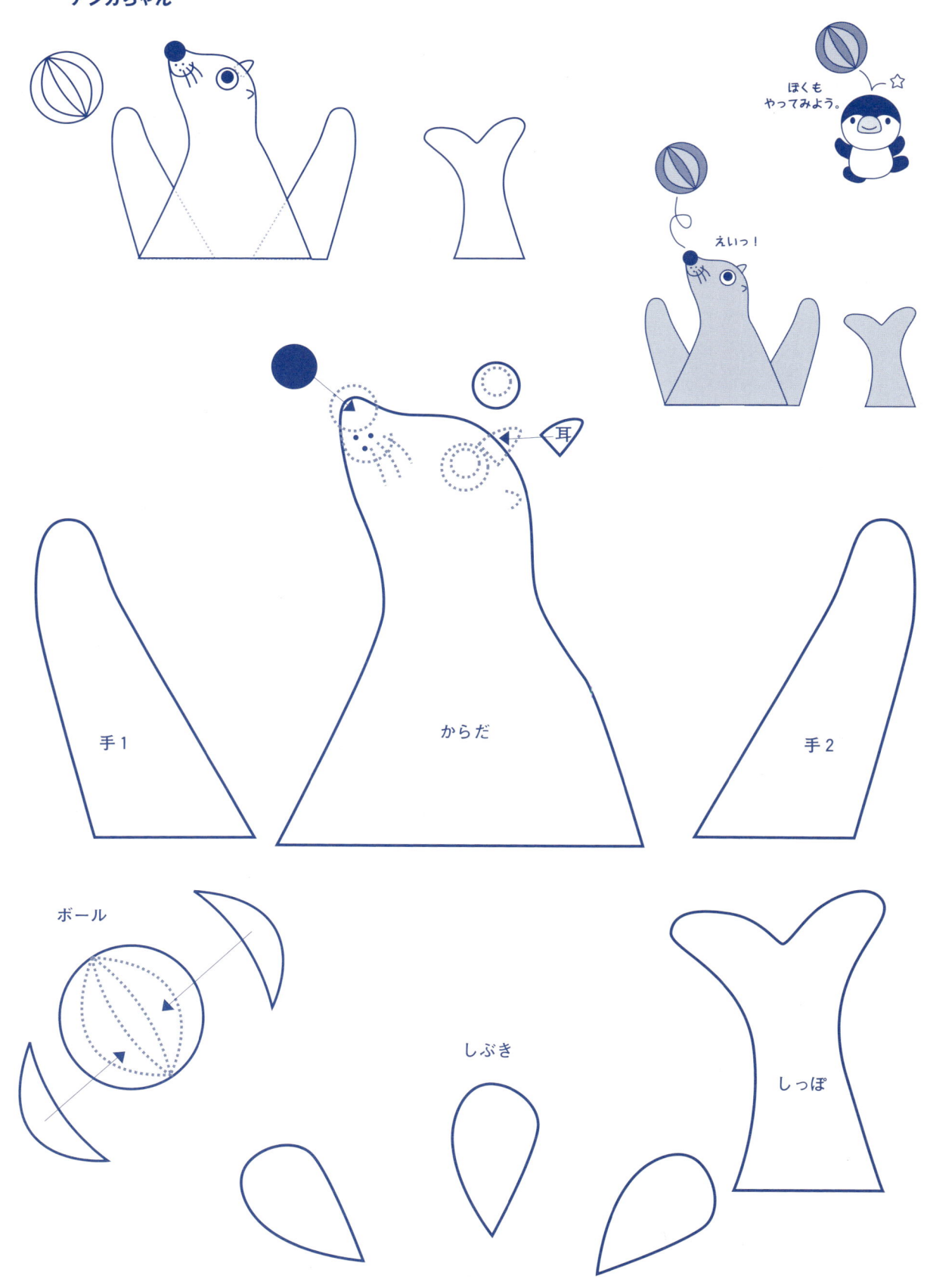

こんなふうにはってね
アシカちゃん

型紙

ぼくも
やってみよう。

えいっ！

手1

からだ

手2

ボール

しぶき

しっぽ

耳

カードのつくりかたと型紙

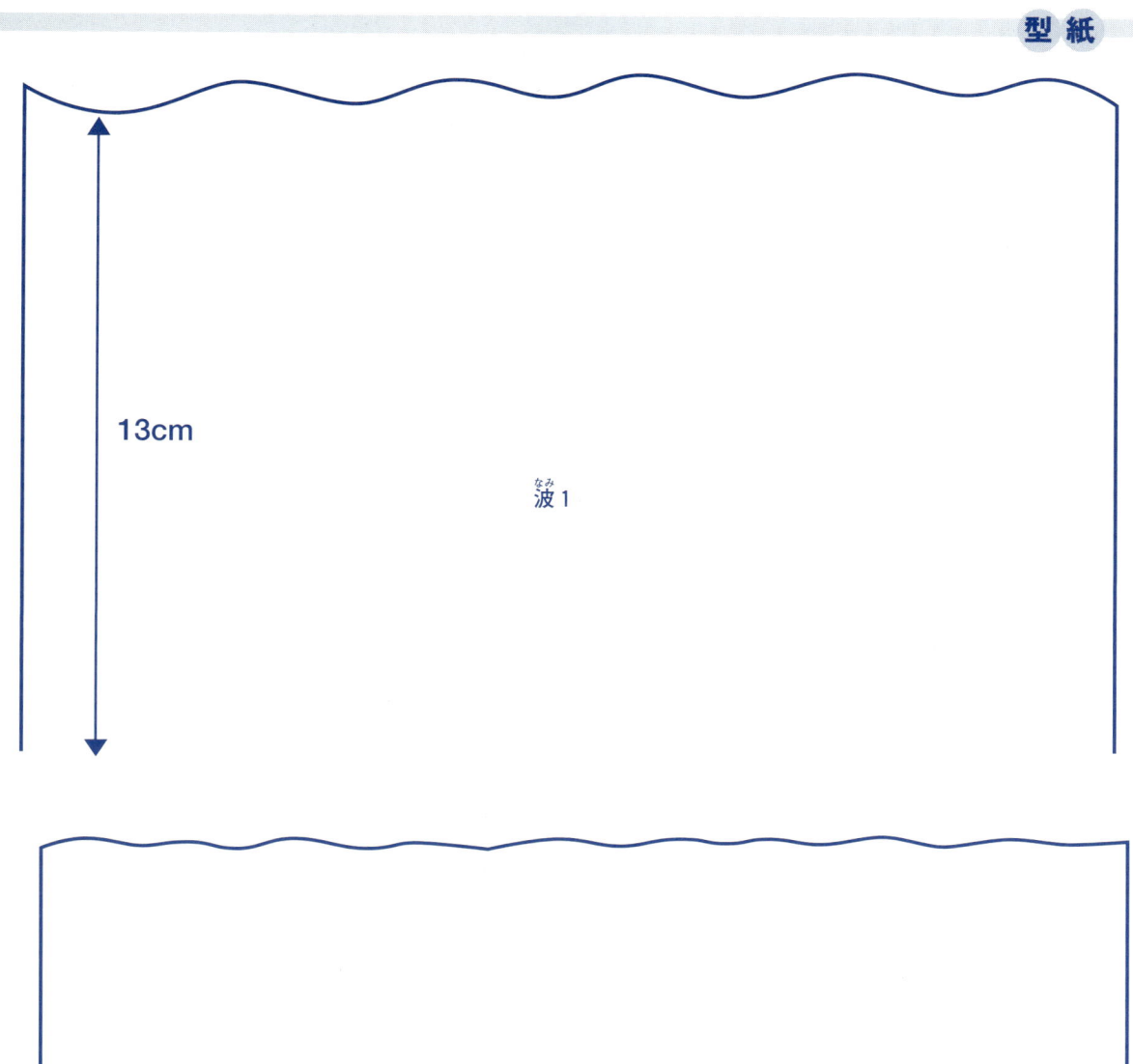

型紙

13cm

波1

波2

Ⓑ パターン

くいしんぼう リスさんのカード

- ぼくはくりをもってます。
- どんぐりです。
- イチゴです。
- ぼくはくりです。

パーツをつくります

1 リスさんのかおをつくります。

耳はかおの後ろにはってね。
目と口は自分でかいてね。

2 リスさんのかおに手をはります。

3 からだに足をはって、そのあとにかおをはってください。

手のこの部分にはのりをつけないでください。

4 しっぽをはります。

5 しっぽにうずまき1.2をはります。

6 うずまき3をはります。

できあがり！

どんぐりやイチゴをもたせてね。

台紙をつくります

1 内台紙にきりこみをいれてから、台紙を折ります。

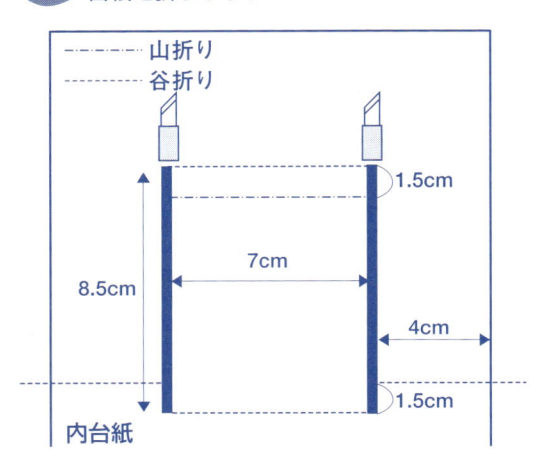

― ― ― 山折り
・・・・・ 谷折り

1.5cm
7cm
8.5cm
4cm
1.5cm
内台紙

2 台紙を半分に折ってきりこみを折ります。

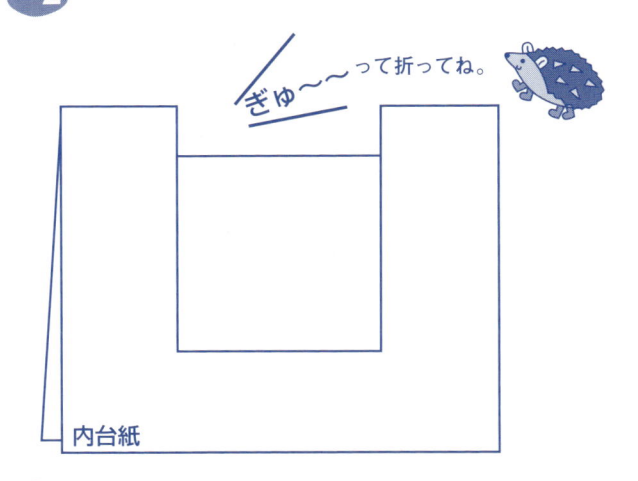

ぎゅ〜〜って折ってね。

内台紙

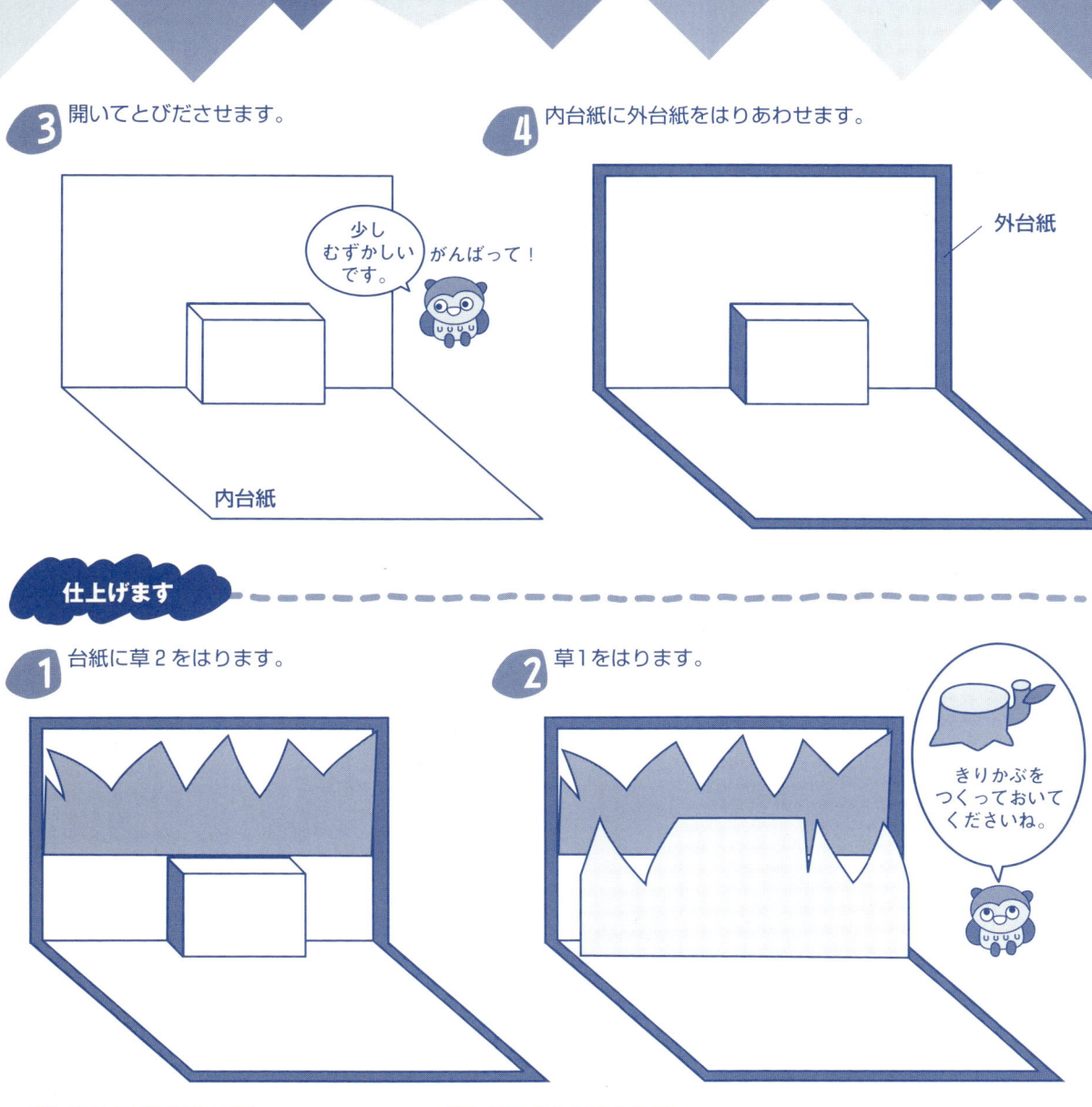

3 開いてとびださせます。

少し むずかしい です。
がんばって！

内台紙

4 内台紙に外台紙をはりあわせます。

外台紙

仕上げます

1 台紙に草2をはります。

2 草1をはります。

きりかぶを つくっておいて くださいね。

3 きりかぶをはります。

3 リスさんをはります。

できあがり！

かばんにイチゴや どんぐりをいれてね。

型紙

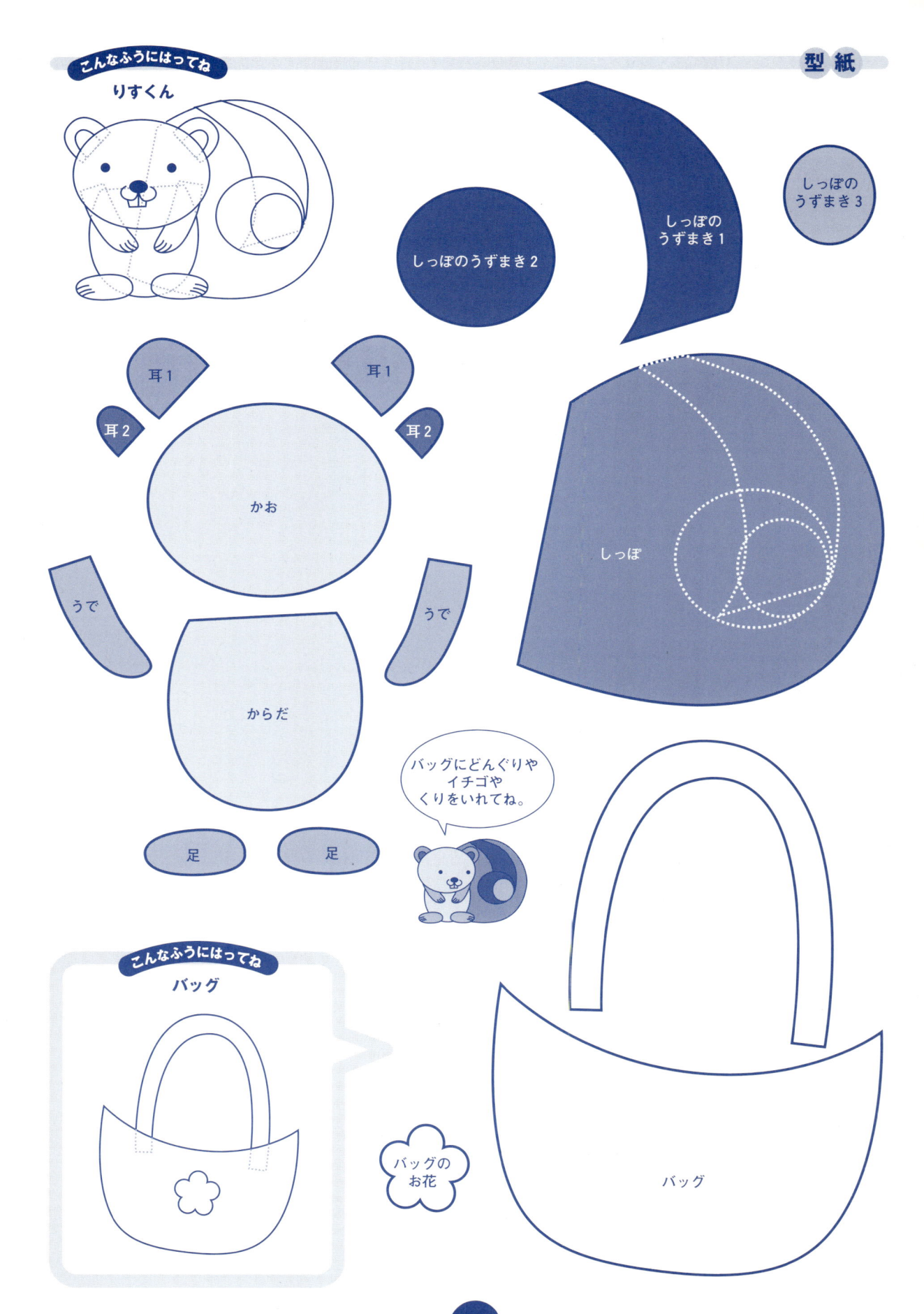

こんなふうにはってね
りすくん

しっぽのうずまき2

しっぽのうずまき1

しっぽのうずまき3

耳1　耳1
耳2　耳2

かお

しっぽ

うで　うで

からだ

足　足

バッグにどんぐりや
イチゴや
くりをいれてね。

こんなふうにはってね
バッグ

バッグの
お花

バッグ

カードのつくりかたと型紙

型紙

きりかぶ1
きりかぶ2
枝2
葉
くり
くり
イチゴのへた
イチゴ
枝1
どんぐり
どんぐりのあたま
草1
草2

Ⓐ パターン

ふくろう
3兄弟のカード

はやく
おうちに
かえろう〜。

きょうのごはんは
何かな〜。

パーツをつくります

1 ふくろうさんのかおを
つくります。

耳は
かおの後ろに
はってね。

はねは自分で
かいてね。

2 ふくろうさんのかおに、
からだと足をはります。

3 はねをつけます。

できあがり！

4 3羽つくってください。

3兄弟だからね。

5 パーツのはり方を少しずつかえてみてください。

おなじかおだけど、変化がでます。

ねてるの？

台紙をつくります

1 内台紙を半分に折って、きりこみをいれます。

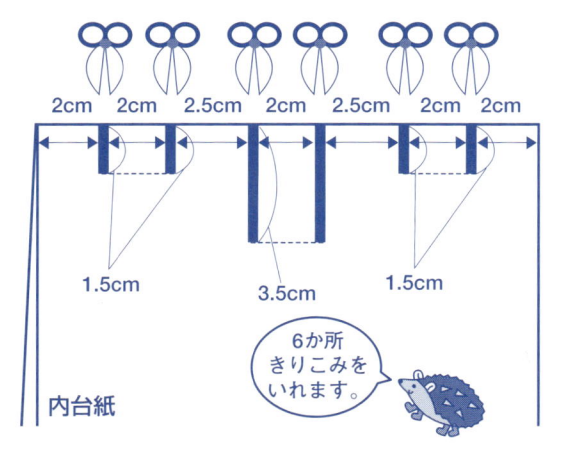

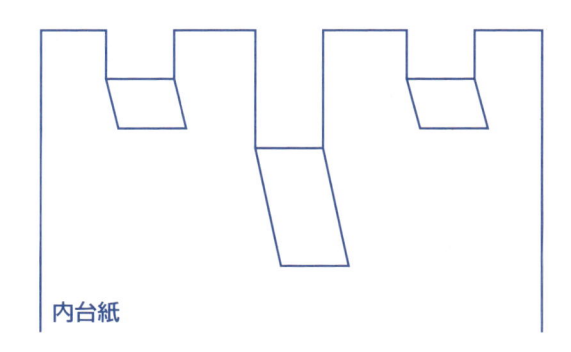

2cm 2cm 2.5cm 2cm 2.5cm 2cm 2cm

1.5cm   3.5cm   1.5cm

6か所
きりこみを
いれます。

内台紙

2 きりこみを折ります。

内台紙

3 開いてとびださせます。
つぎに山型にきりぬいてください。

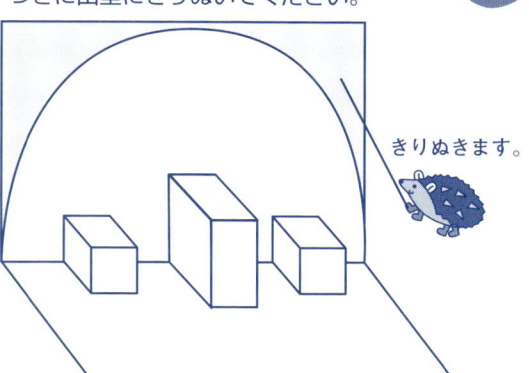

きりぬきます。

内台紙

4 内台紙に外台紙をはりあわせます。

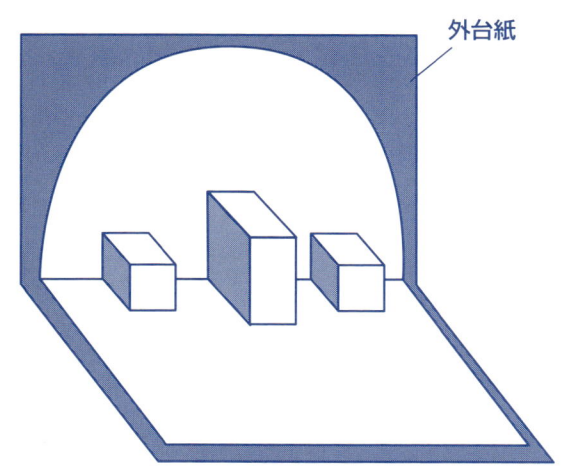

外台紙

仕上げます

1 台紙に木をはります。

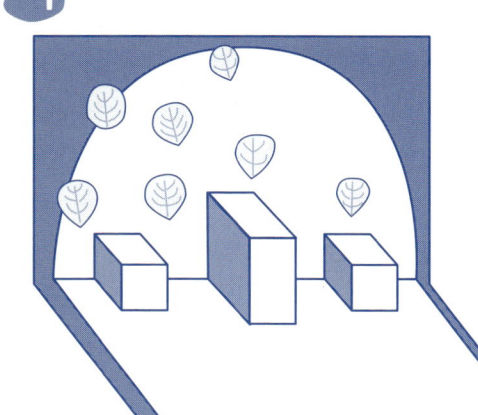

2 月をはります。

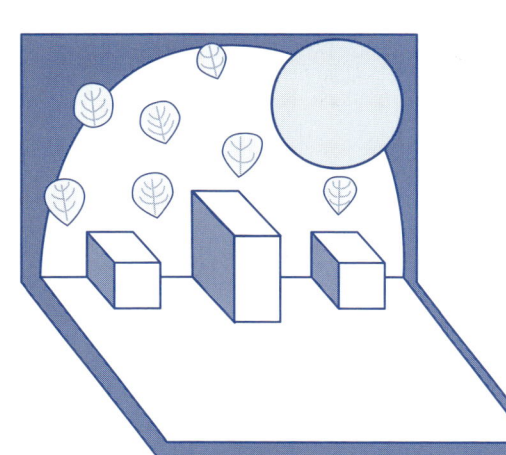

3 3兄弟をはりましょう。

お山へかえろう〜

メッセージをかいてね。

できあがり！

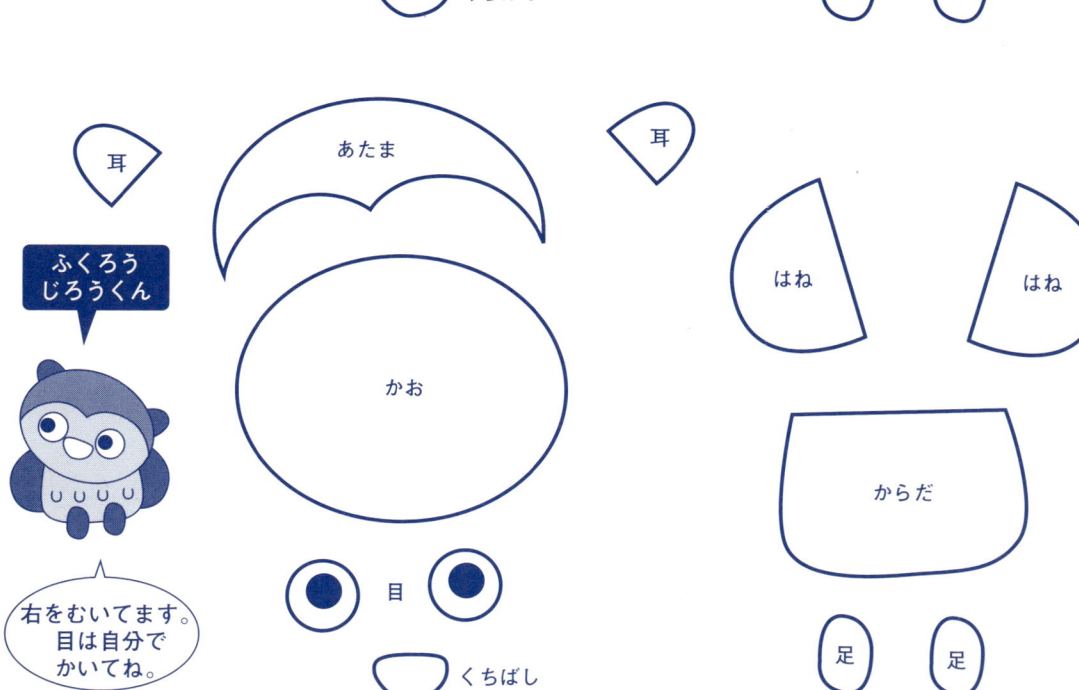

こんなふうにはってね
ふくろうちゃん

3兄弟なので3つつくってね。

型紙

月

耳　あたま　耳

はね　はね

ふくろう いちろうくん

かお

からだ

左をむいてます。目は自分でかいてね。

目

くちばし

足　足

耳　あたま　耳

はね　はね

ふくろう じろうくん

かお

からだ

右をむいてます。目は自分でかいてね。

目

くちばし

足　足

カードのつくりかたと型紙

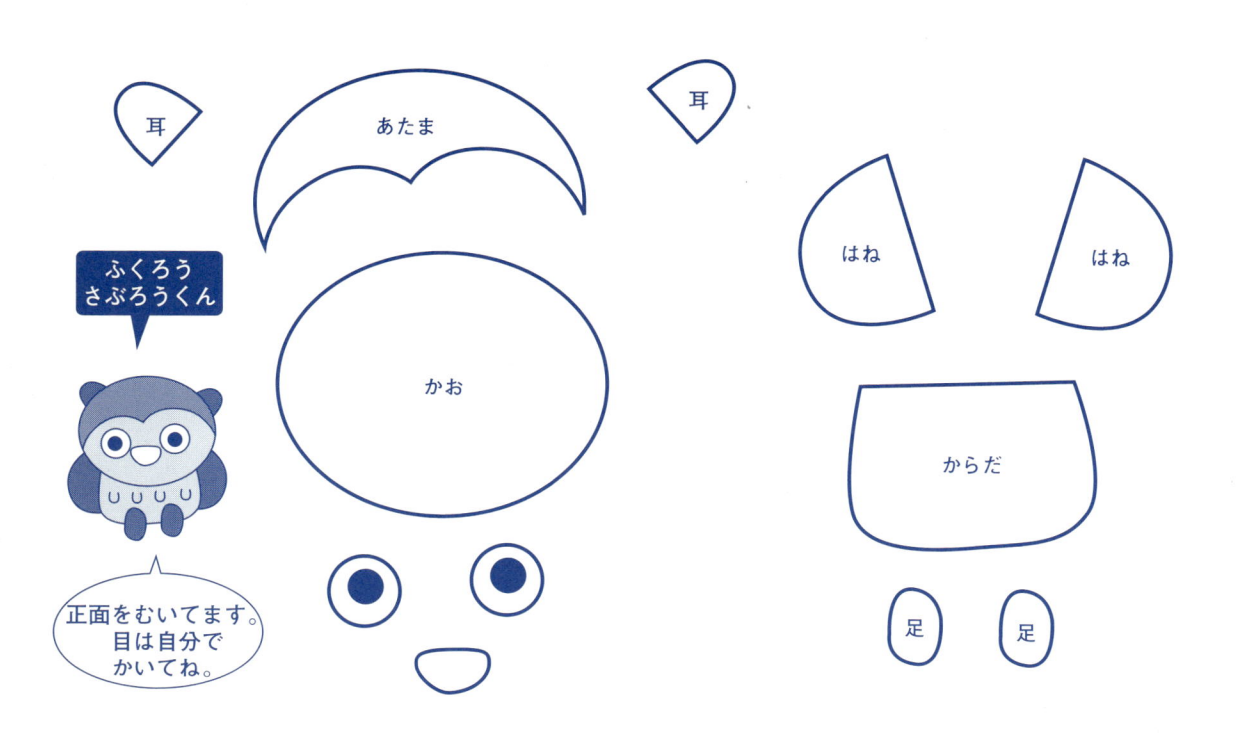

型紙

耳　あたま　耳

ふくろう
さぶろうくん

はね　はね

かお

からだ

正面をむいてます。
目は自分で
かいてね。

足　足

木

A パターン

オニオオハシ博士の
カード

出席をとりま〜す。
ふくろうじろうくん！
はい！

パーツをつくります

1 オニオオハシのくちばしとからだをはります。

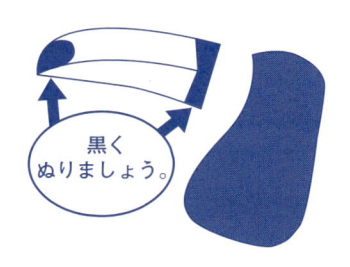

黒くぬりましょう。

2 目をからだにはって、その上にむねをはります。

むね

3 はねと足をはります。

はねはからだの後ろにはるんだよ。

4 しっぽのはねをはってください。

5 ネクタイと、☆のぼうをはります。

できあがり！

木もつくっておいてね。

台紙をつくります

1 内台紙を半分に折って、きりこみをいれます。

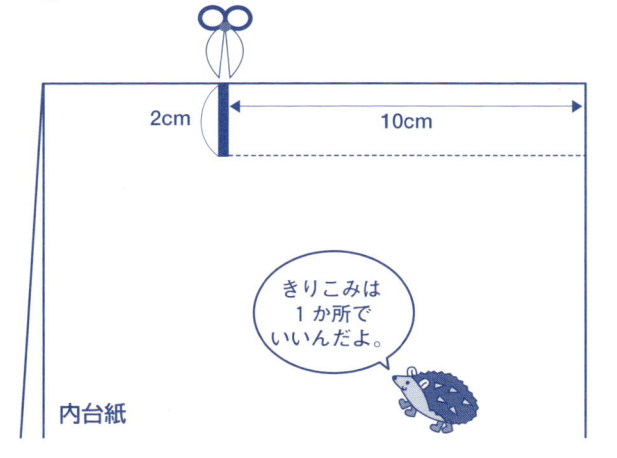

2cm　10cm

きりこみは1か所でいいんだよ。

内台紙

2 きりこみを折ります。

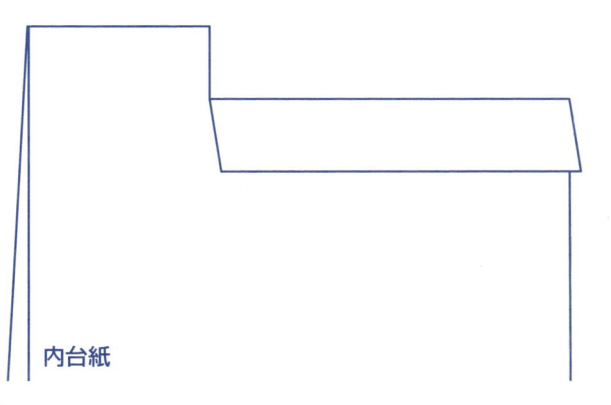

内台紙

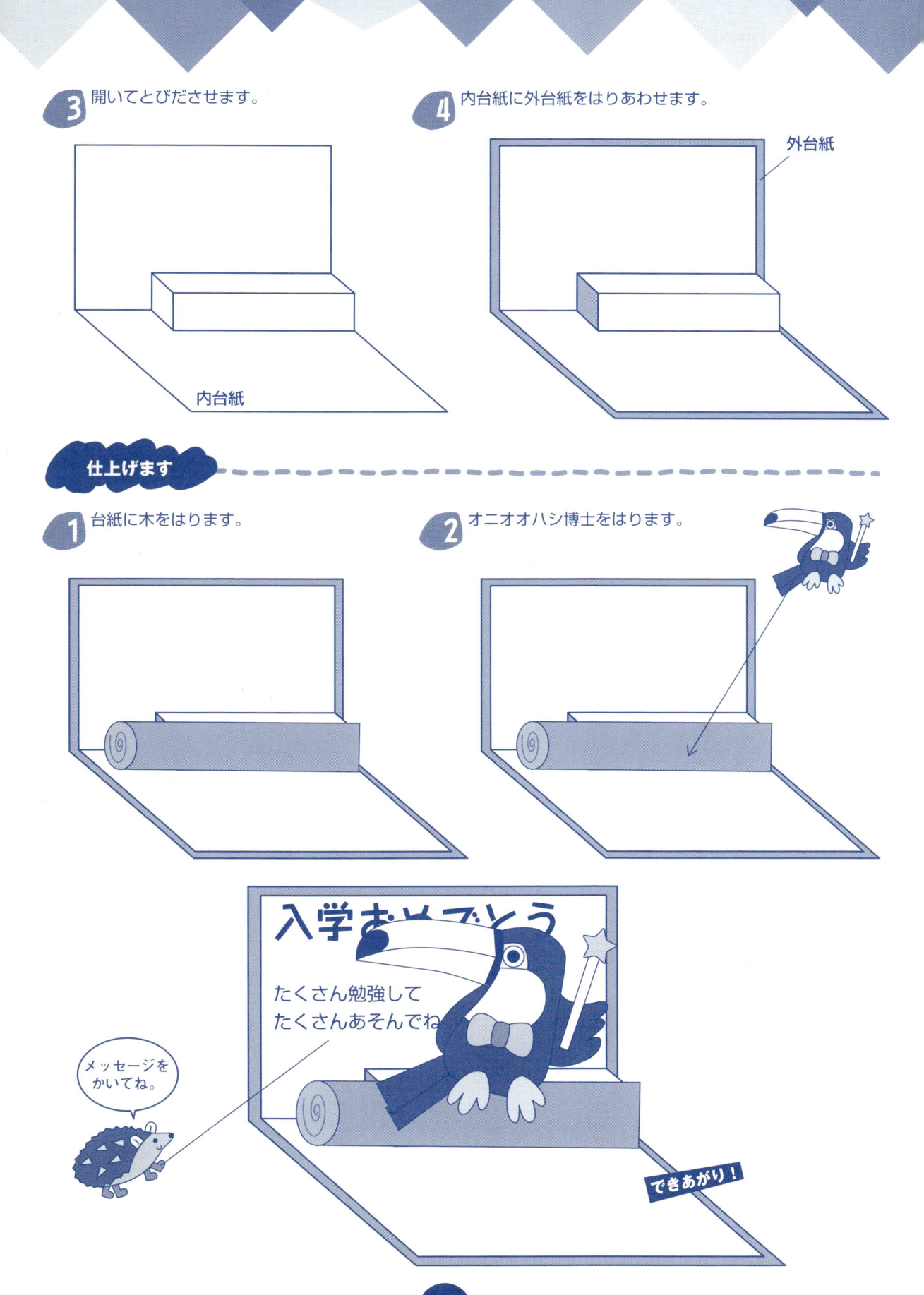

3 開いてとびださせます。

内台紙

4 内台紙に外台紙をはりあわせます。

外台紙

仕上げます

1 台紙に木をはります。

2 オニオオハシ博士をはります。

入学おめでとう

たくさん勉強して
たくさんあそんでね

メッセージを
かいてね。

できあがり！

こんなふうにはってね

オニオオハシ博士

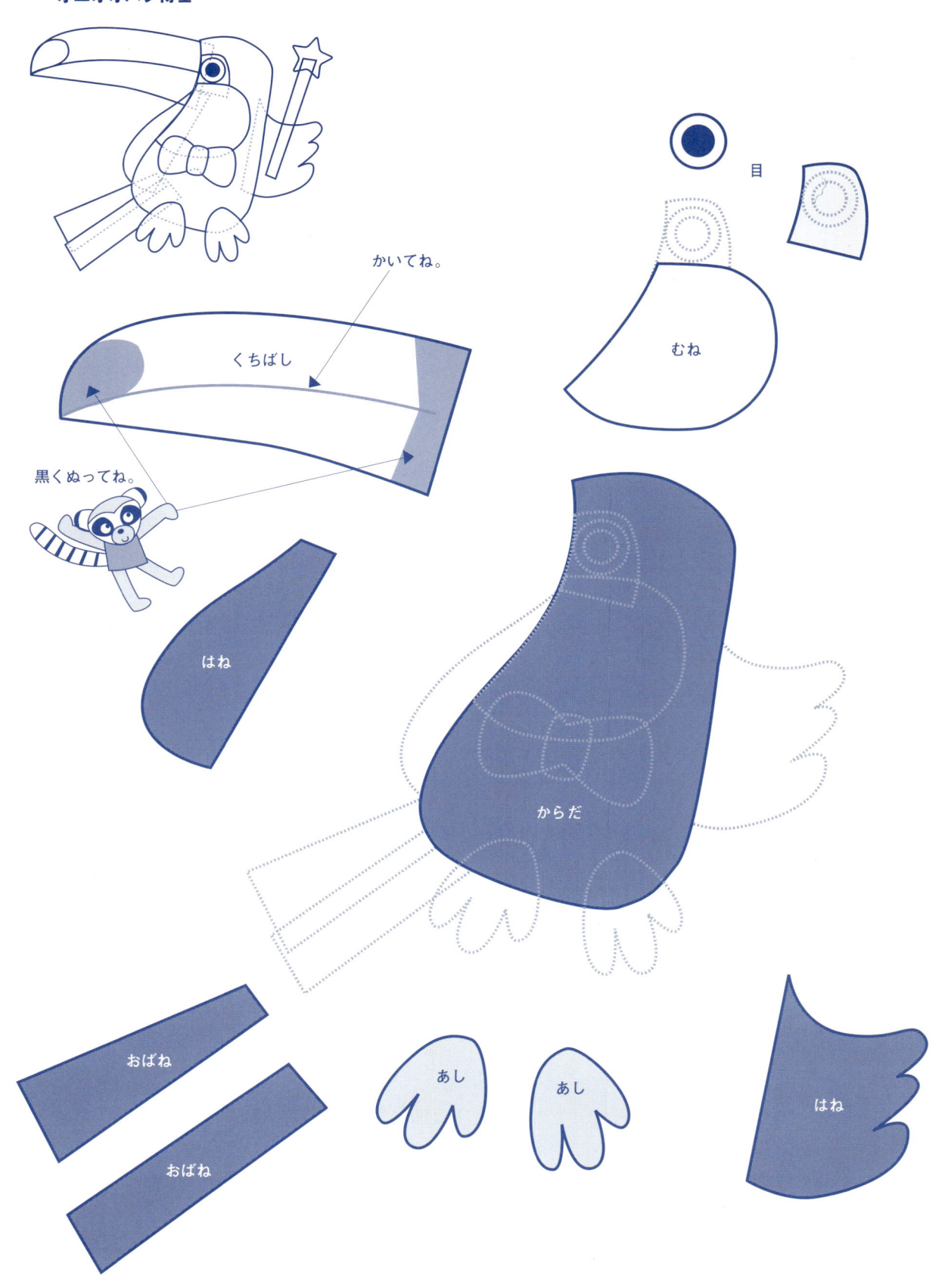

型紙

目

むね

かいてね。

くちばし

黒くぬってね。

はね

からだ

おばね

おばね

あし

あし

はね

カードのつくりかたと型紙

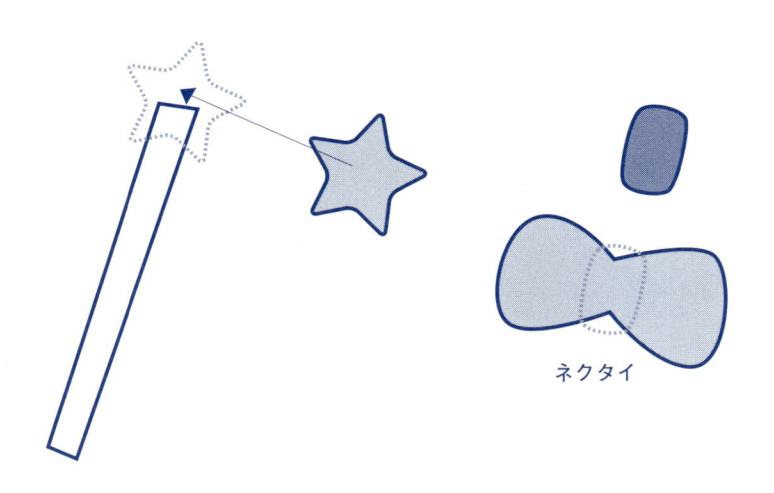

型 紙

ネクタイ

木

ぐるぐるを
かいてね。

ぼくの名前
(とても 大きな くちばし)
オニ オオ ハシ
っていう意味なんだって。

へ〜。

67

Ⓑ パターン
ベビーペンギンちゃんのカード

あかちゃんペンギンです。

パーツをつくります

1 ペンギンちゃんのかおにあたまをはります。

2 ペンギンちゃんのかおにきりこみをいれます。

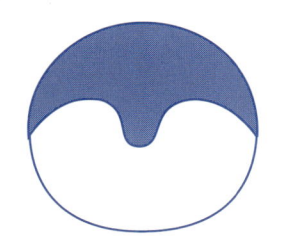

—・—・— 山折り
- - - - - 谷折り

5cm　1cm　5cm
2cm
3cm
1cm

3 ペンギンちゃんのかおのきりこみを折ります。

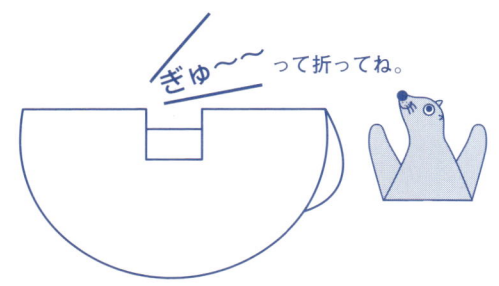

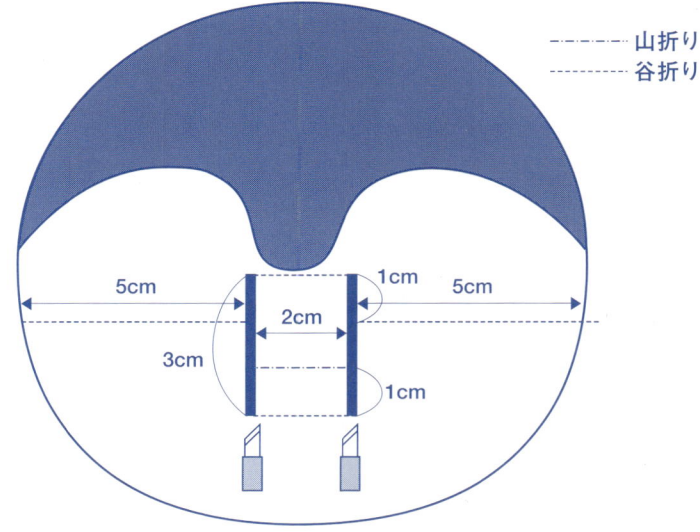

ぎゅ～～って折ってね。

5 ペンギンちゃんのからだをはりあわせます。

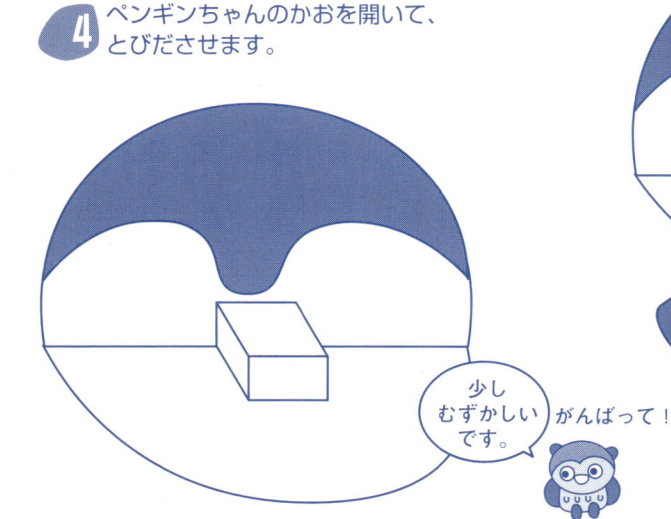

4 ペンギンちゃんのかおを開いて、とびださせます。

少しむずかしいです。がんばって！

台紙をつくります

1 ペンギンちゃんに内台紙をはります。

内台紙

2 内台紙に外台紙をはりあわせます。

外台紙

仕上げます

1 くちばしをはります。

2 かざりのお花をはります。

あそびにきてね

メッセージをかいてね。

できあがり！

こんなふうにはってね
ペンギンちゃん

くちばしは
とびだしたところに
はるんだよ。

型紙

ペンギンちゃんのあたま

ペンギンちゃんのかお

谷折り

型紙

葉2

花1 花2

葉1

手　くちばし　手

ペンギンちゃんのからだ

足　足

カードのつくりかたと型紙

Ⓐ パターン

こんにちは!
カワウソちゃんのカード

パーツをつくります

1 カワウソちゃんのはなをつくります。

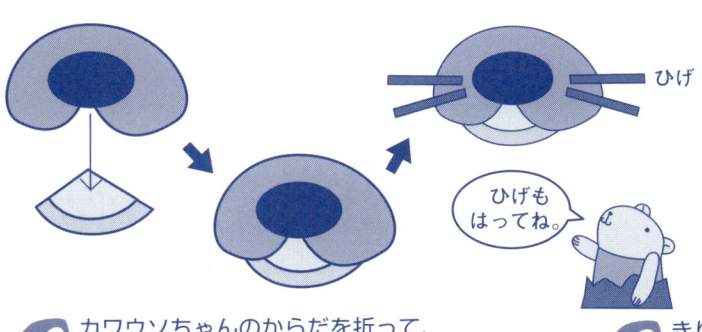

2 カワウソちゃんのしっぽをつくります。

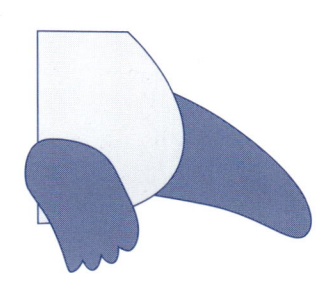

ひげ

ひげも はってね。

2 カワウソちゃんのからだを折って、きりこみをいれます。

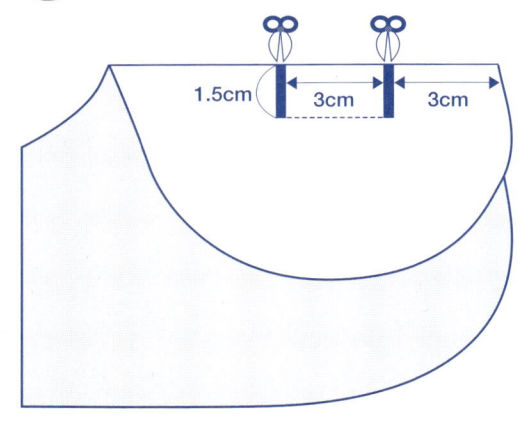

1.5cm　3cm　3cm

3 きりこみを折ります。

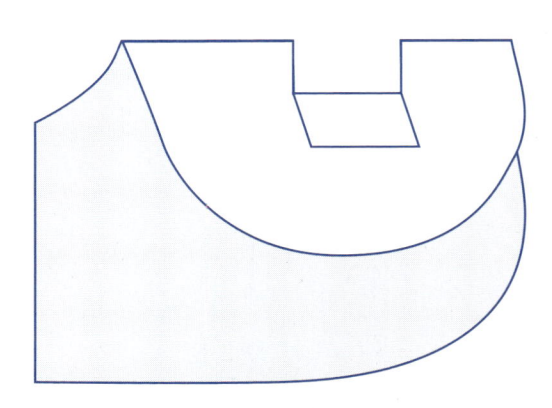

4 開いてとびださせます。

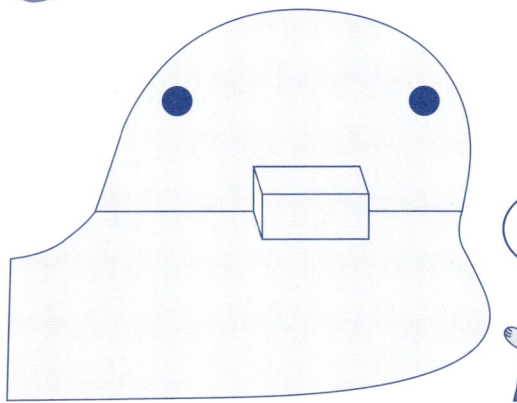

なんだか へんだよ？

5 耳をはります。

台紙をつくります

1 カワウソちゃんに内台紙をはります。

内台紙

2 内台紙に外台紙をはりあわせます。

外台紙

仕上げます

1 前足をはります。

カワウソちゃんだー。

メッセージをかいてね。

2 はなとしっぽをはります。

おげんきですか？
ボクはげんきです

できあがり！

こんなふうにはってね
カワウソちゃん

型紙

はなは
とびだしたところに
はってね。

耳

耳

からだ

カードのつくりかたと型紙

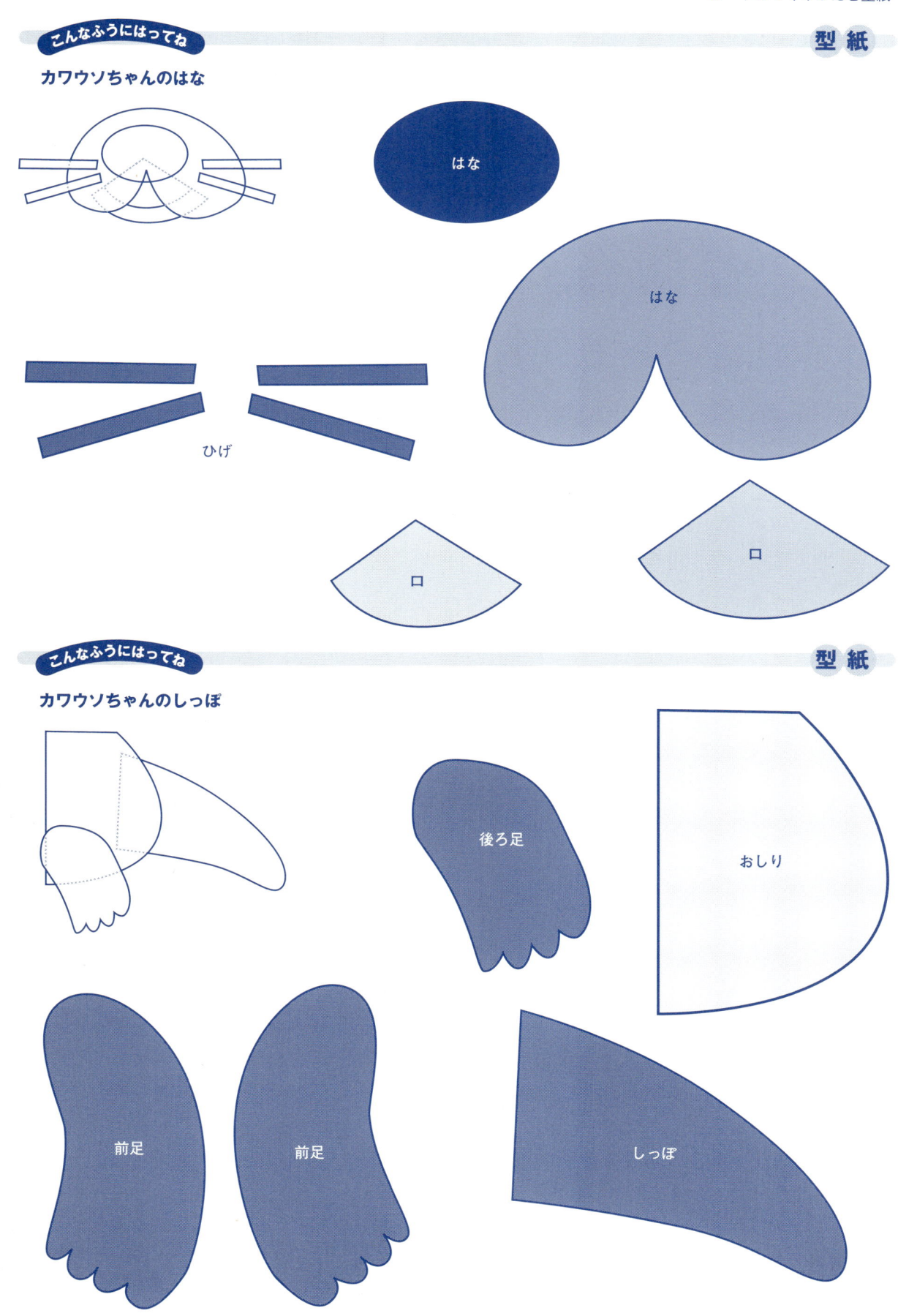

型紙

こんなふうにはってね

カワウソちゃんのはな

はな

はな

ひげ

口

口

型紙

こんなふうにはってね

カワウソちゃんのしっぽ

後ろ足

おしり

前足

前足

しっぽ

Ⓐ パターン
ばんざい シマウマくんのカード

ばんざ～い！

パーツをつくります

1 シマウマくんのかおにしましまをはります。

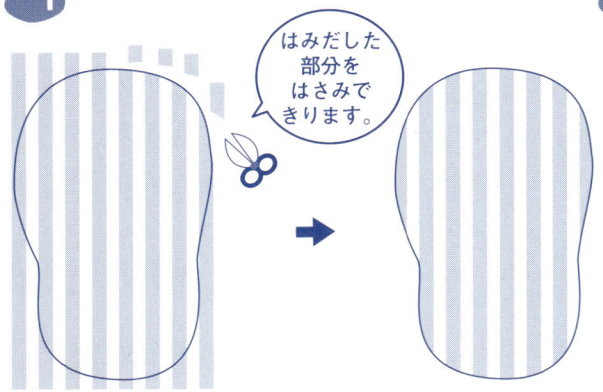

はみだした部分をはさみできります。

2 シマウマくんのかおにきりこみをいれて折ります。

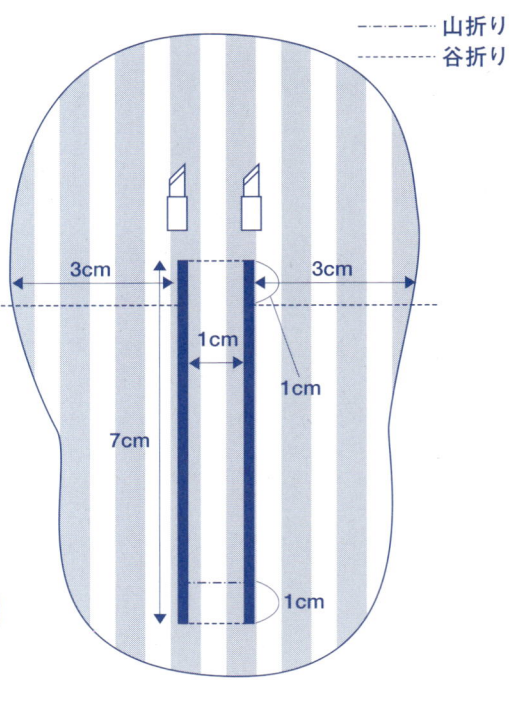

――・―― 山折り
―――― 谷折り

3cm　　3cm
1cm
1cm
7cm
1cm

3 開いてとびださせます。

少しむずかしいです。　がんばって！

はなもつくっておいてね。

4 シマウマくんのかおに前がみ、耳、目をはります。

だんだんシマウマくんらしくなってきたね。

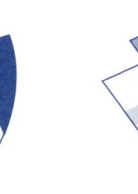

5 からだをつくりましょう。

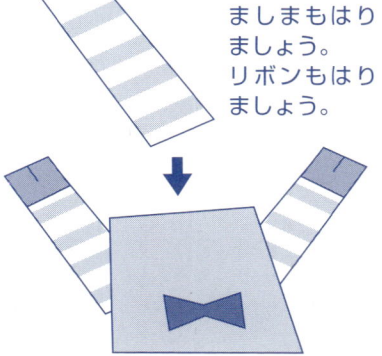

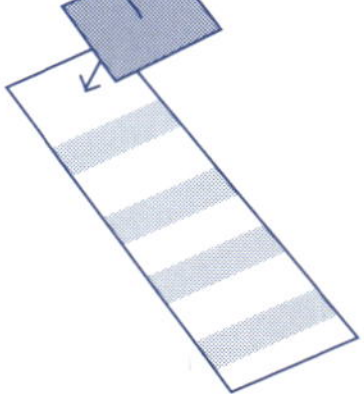

うでにつめをはります。しましまもはりましょう。リボンもはりましょう。

台紙をつくります

1 シマウマくんに内台紙をはります。

内台紙

2 内台紙に外台紙をはりあわせます。

外台紙

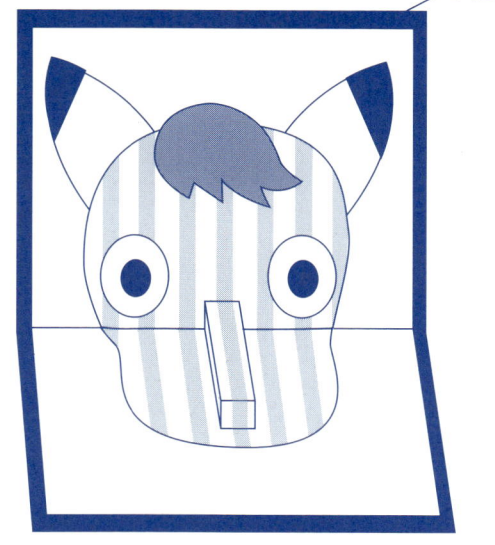

仕上げます

1 からだとはなをはります。

やったね〜！

できあがり！

こんなふうにはってね

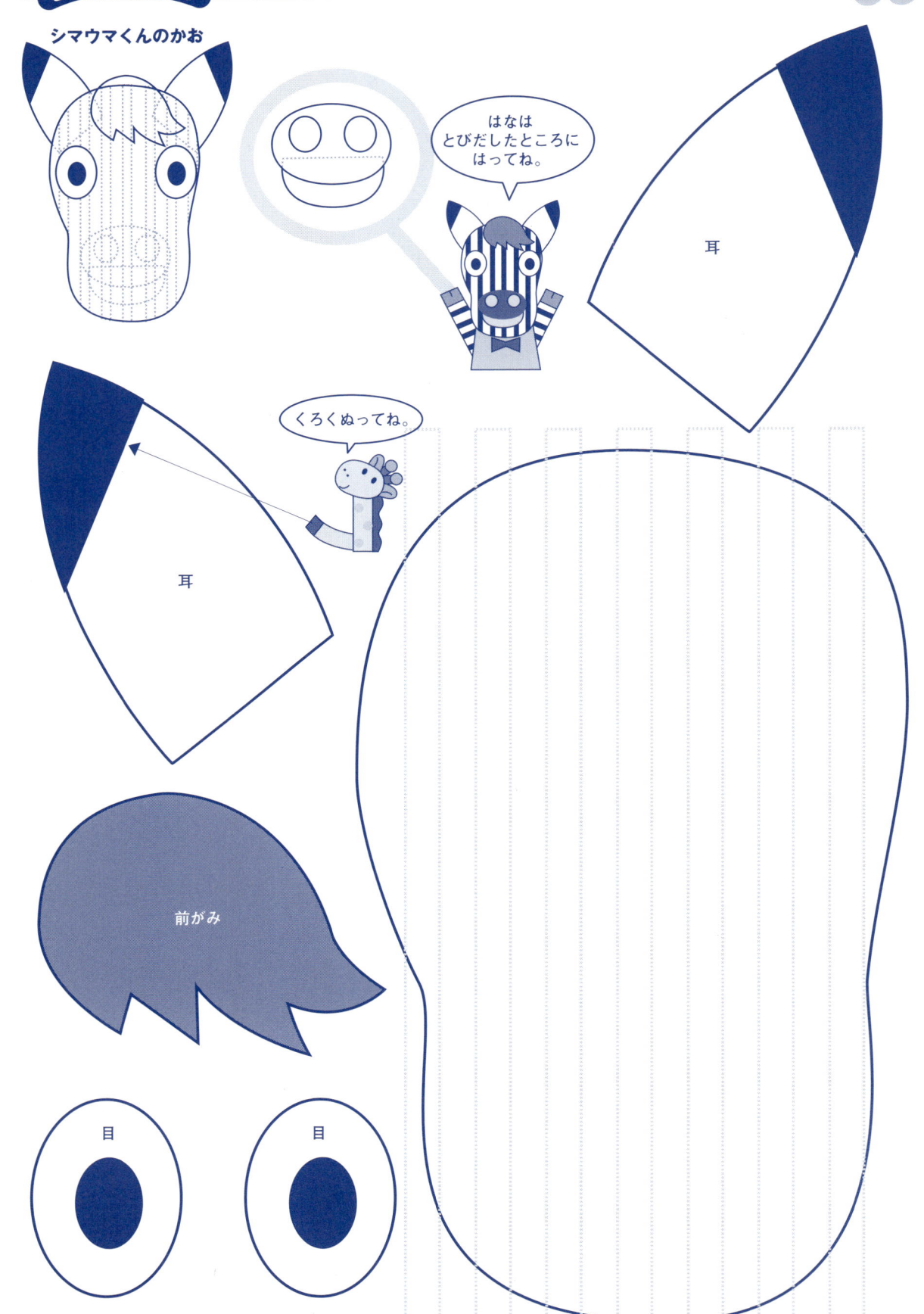

シマウマくんのかお

はなは
とびだしたところに
はってね。

型紙

耳

くろくぬってね。

耳

前がみ

目　目

カードのつくりかたと型紙

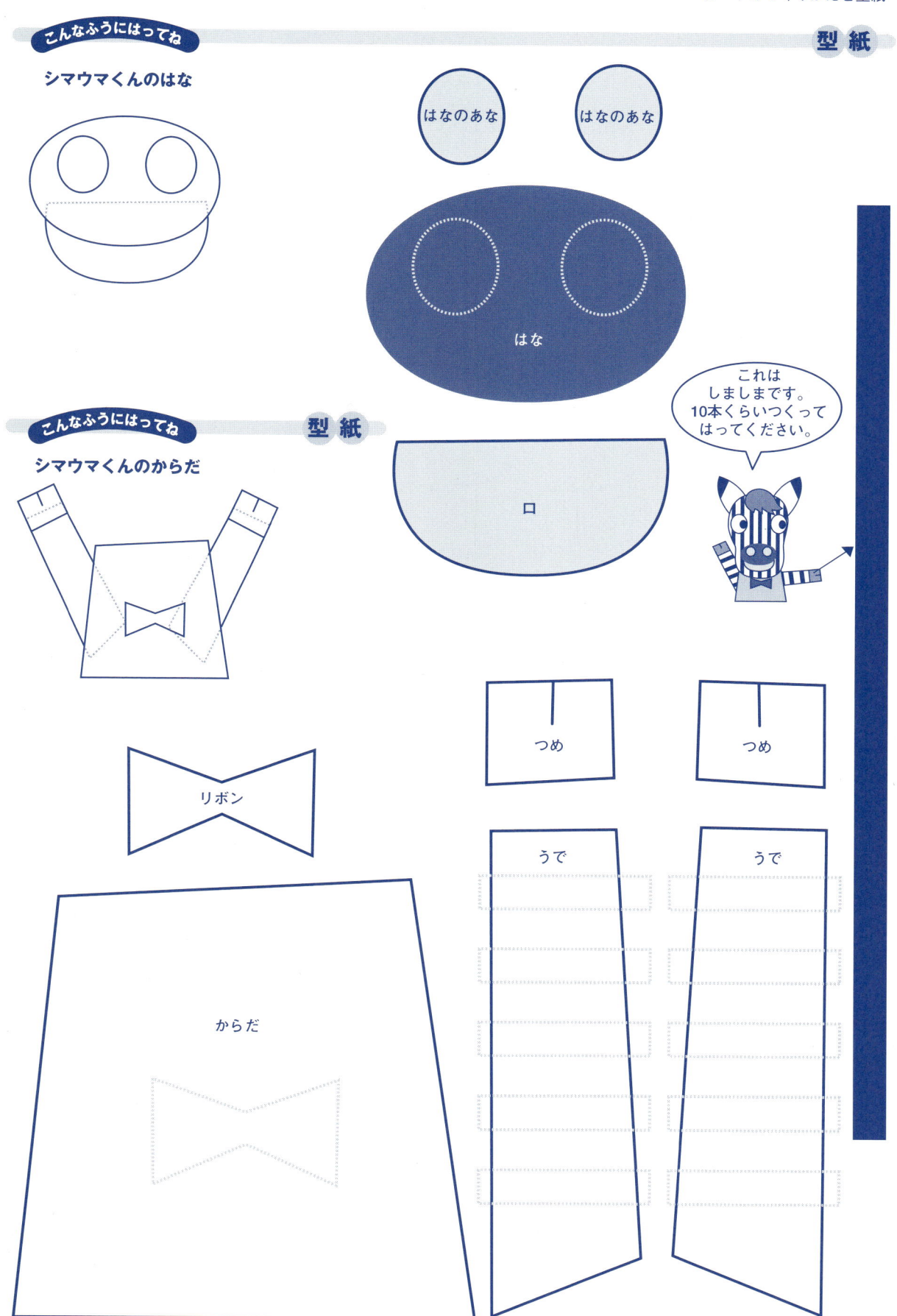

型紙

こんなふうにはってね
シマウマくんのはな

はなのあな　はなのあな

はな

こんなふうにはってね　**型紙**
シマウマくんのからだ

口

これはしましまです。
10本くらいつくってはってください。

リボン

つめ　つめ

うで　うで

からだ

Bパターン
おでかけ きりんさんのカード

「これから おかいものです。」

パーツをつくります

1 きりんさんのかおをつくります。

「目とはなと口は自分でかいてね。」
「耳やつのはかおの後ろにはります。」

2 くびをつくります。

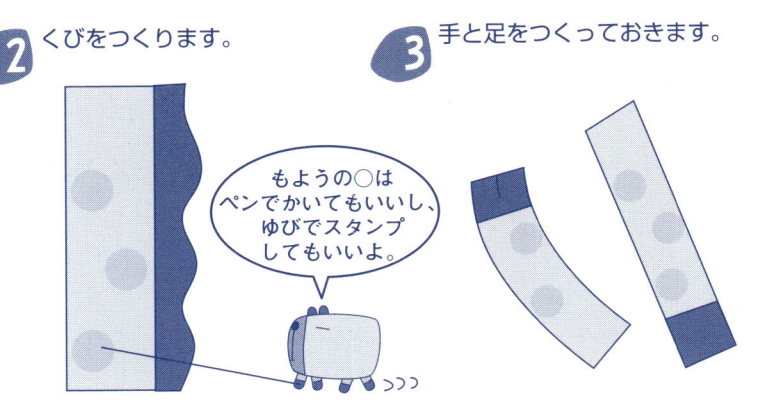

「もようの○はペンでかいてもいいし、ゆびでスタンプしてもいいよ。」

3 手と足をつくっておきます。

4 おでかけ用のかばんもつくっておいてください。

「かばんにはかわいいえをかいてね！」

5 かおとくびをはります。

6 からだに手と足をはります。

「こっちの手だけはっておいてね。」

台紙をつくります

1 内台紙にきりこみをいれてから、台紙を折ります。

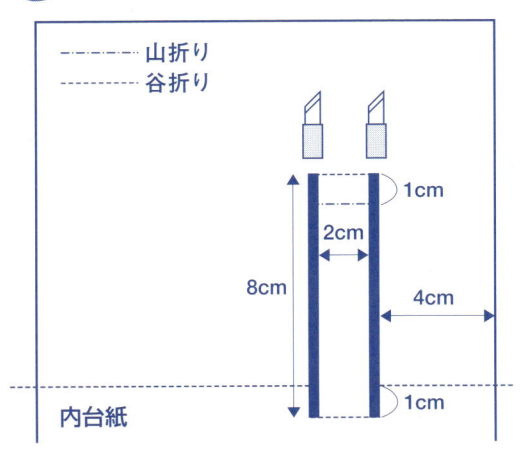

— - — 山折り
------- 谷折り

1cm
2cm
8cm
4cm
1cm

内台紙

2 台紙を半分に折ってきりこみを折ります。

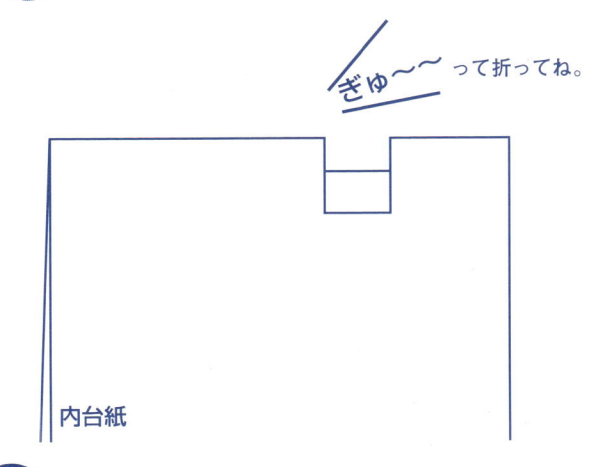

ぎゅ〜〜 って折ってね。

内台紙

3 開いてとびださせます。

少しむずかしいです。
がんばって！

内台紙

4 内台紙に外台紙をはりあわせます。

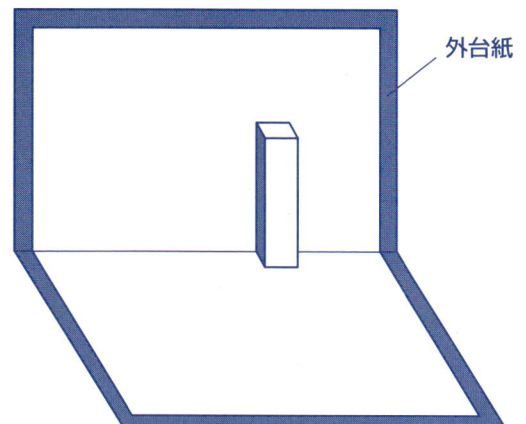

外台紙

仕上げます

1 台紙に 5 でつくった、きりんさんのかおとくびをはります。

2 かばんをもたせてから、台紙にはります。そのあとに、もうかたほうの手をはります。

3 ふきだしをはります。

メッセージをかいてね。

プレゼントはなにがいいかな？

ぼくはおさんぽ用のくつがほしいなあ。

できあがり！

こんなふうにはってね

キリンさん

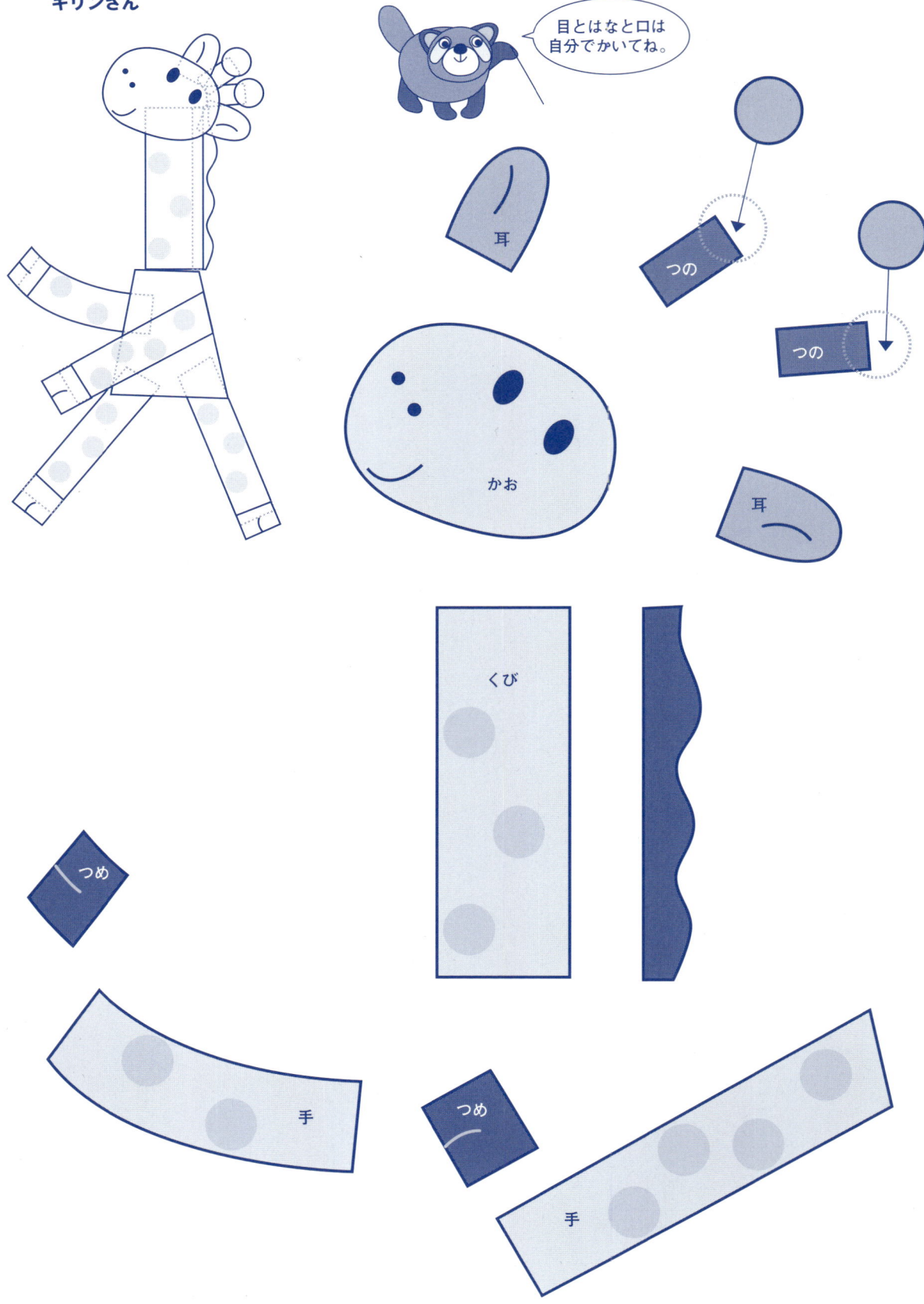

目とはなと口は自分でかいてね。

耳
つの
つの
かお
耳
くび
つめ
手
つめ
手

型紙

カードのつくりかたと型紙

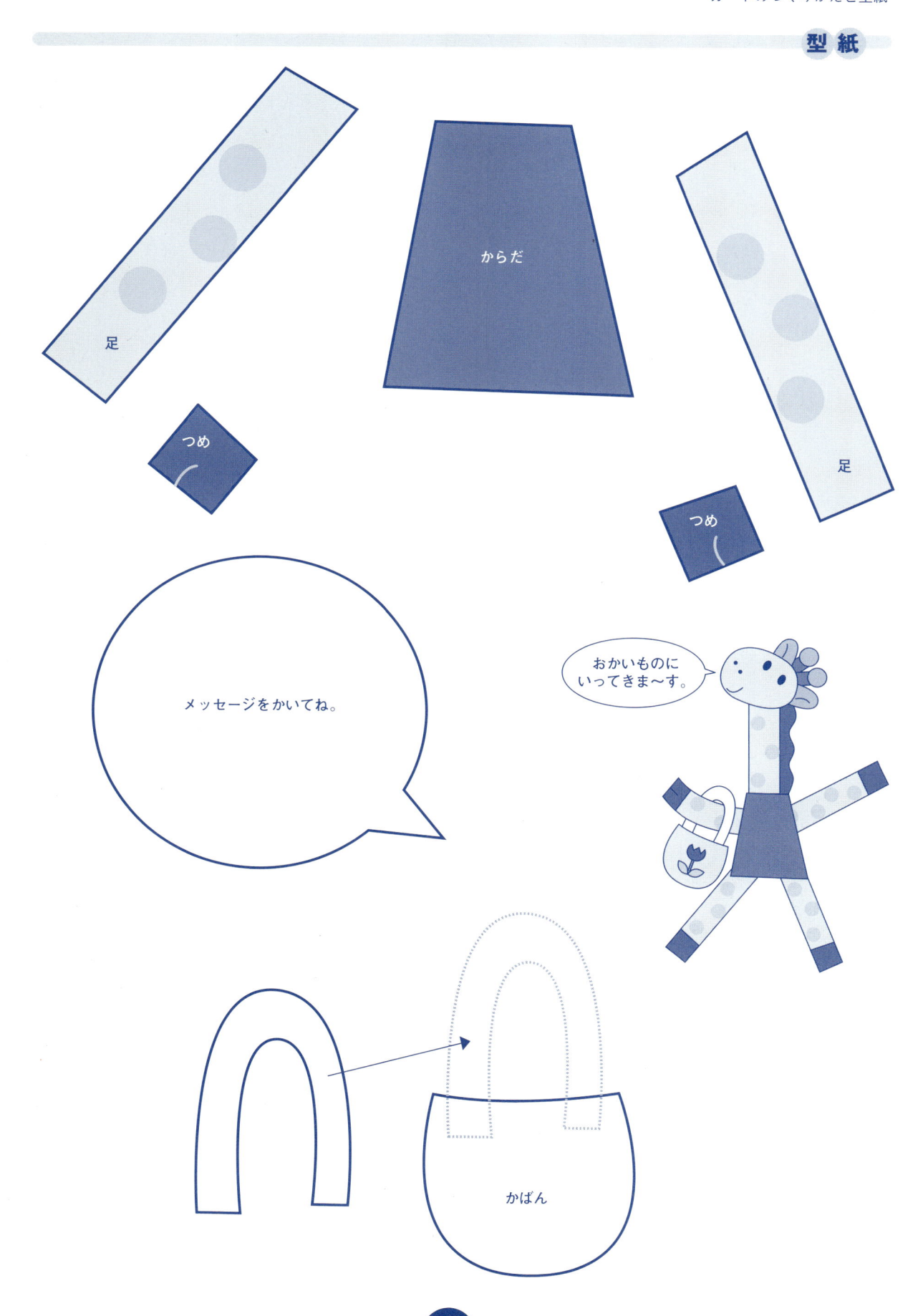

型紙

足

からだ

足

つめ

つめ

メッセージをかいてね。

おかいものに
いってきま〜す。

かばん

Ⓒ パターン
アライグマくんが やってきた！カード

あそびにきたよ〜！

パーツをつくります

1 アライグマくんのかおをつくります。

2 アライグマくんのかおに耳をはります。

かおの後ろに耳をはってね。

3 からだにしっぽをはります。

しっぽはからだの後ろにはります。

ぶんぶくちゃがまみたい。

4 足をはってね。

できあがり！

5 草をきっておいてください。

台紙をつくります

1 内台紙を半分に折ります。

内台紙

2 折りめから2cmのところを折ります。

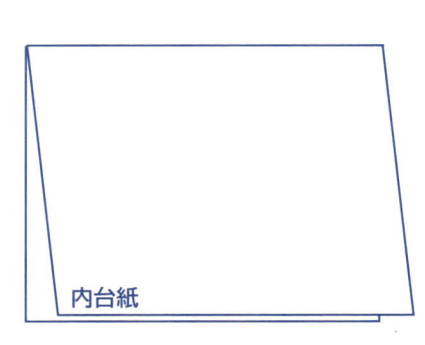

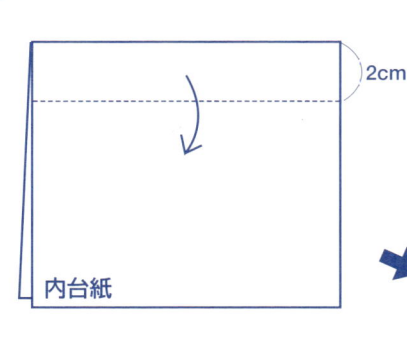

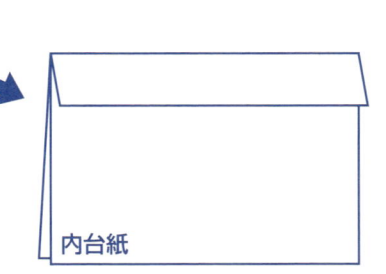

2cm

内台紙

内台紙

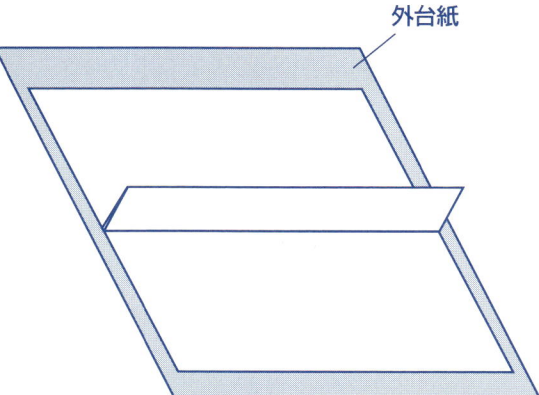

3 ②をひらいて、のりをつけてはります。

のり
内台紙

4 内台紙に外台紙をはりあわせます。

外台紙

仕上げます

1 台紙に草をはります。

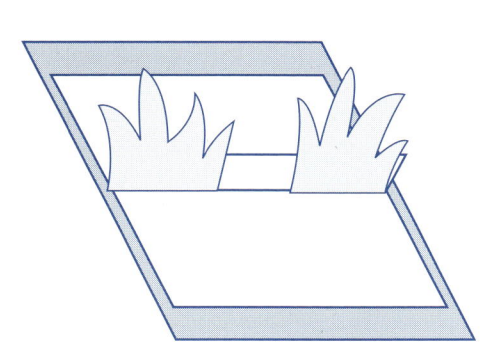

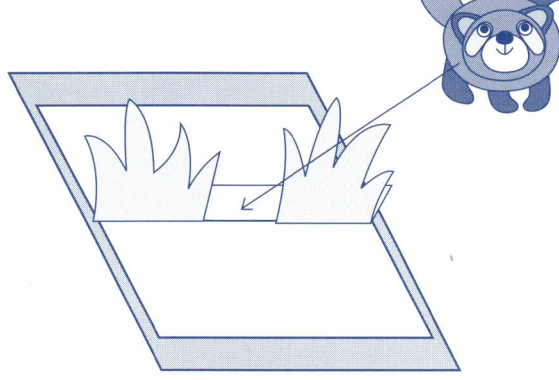

2 アライグマくんをはります。

できあがり！

メッセージを
かいてね。

あそびにきてね！

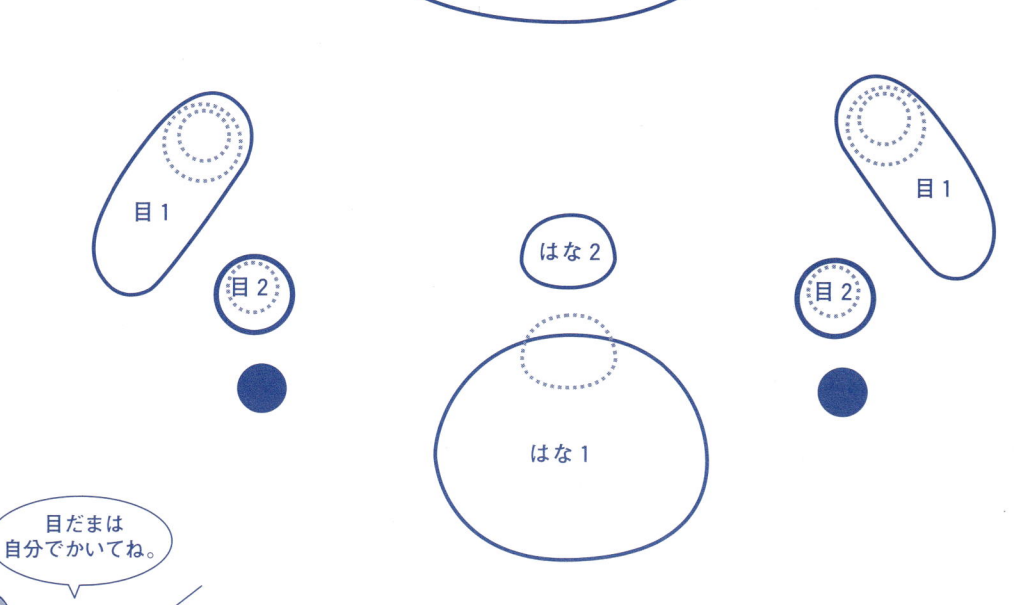

こんなふうにはってね
アライグマくん

あらよっ！

はりかたを
かえてみてもいいよ。

とんだぞ！

ほいさっ！

型 紙

耳1

耳2

かお

耳1

耳2

目1

目2

はな2

はな1

目1

目2

目だまは
自分でかいてね。

カードのつくりかたと型紙

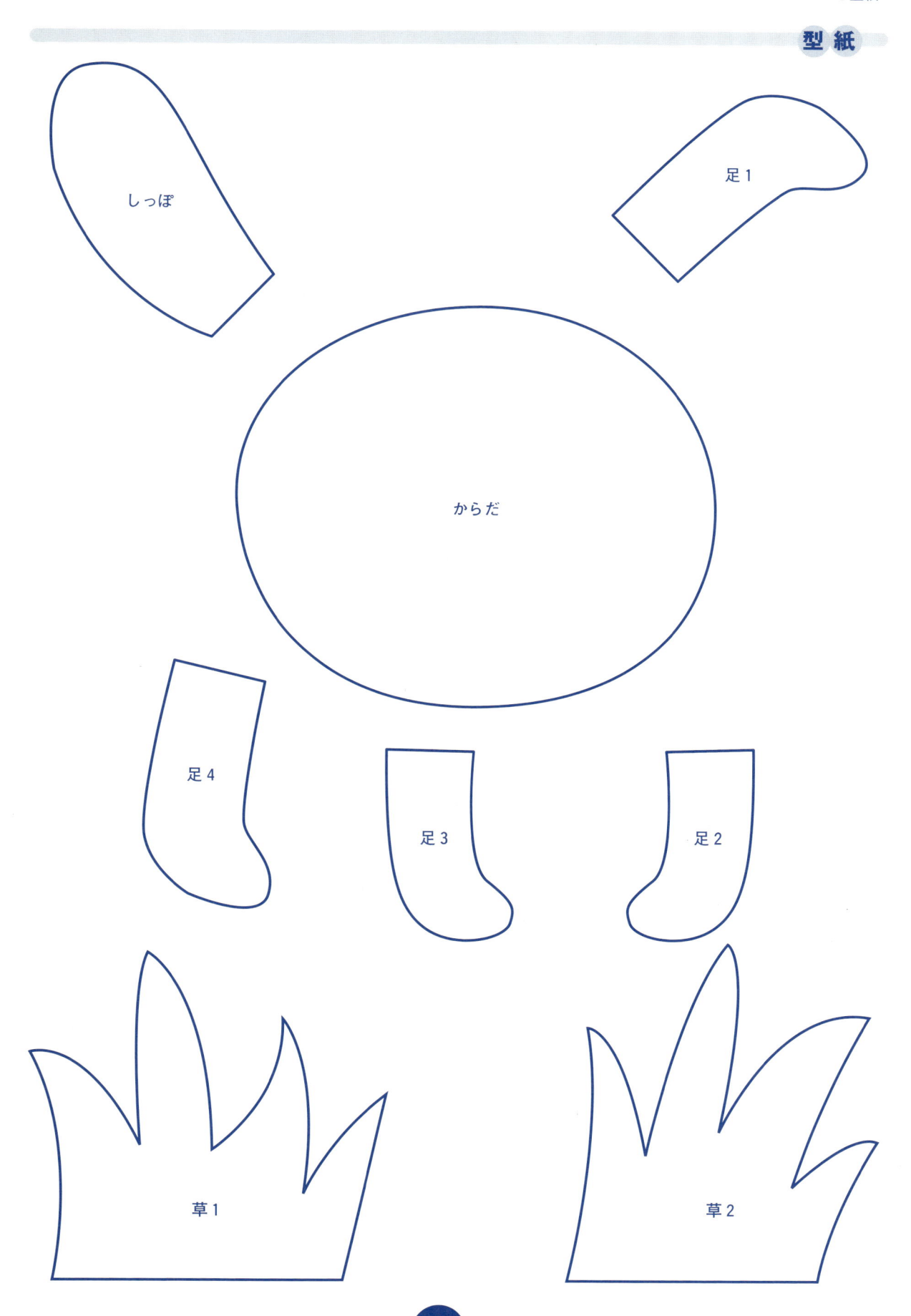

型紙

しっぽ

足1

からだ

足4

足3

足2

草1

草2

Ⓒ パターン

クール！イワトビペンギンカード

ピョンピョンとぶぜ！

かっこいいなあ…。

パーツをつくります

1 イワトビペンギンのからだにおなかをはります。

2 くちばしと手をはります。

3 足をはります。

4 目をはってね。

なにかたりないぜ！

このままではただのペンギンです。

5 はねをつけます。

クールだぜ！

できあがり！

ぼくもつけた。

台紙をつくります

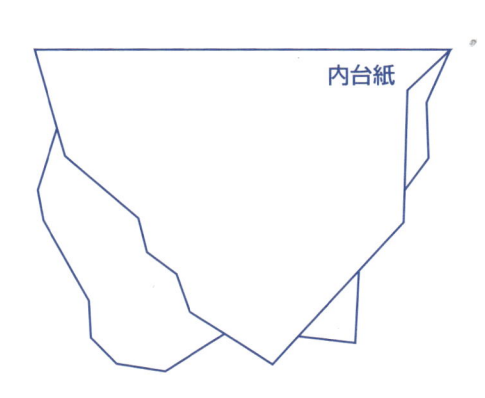

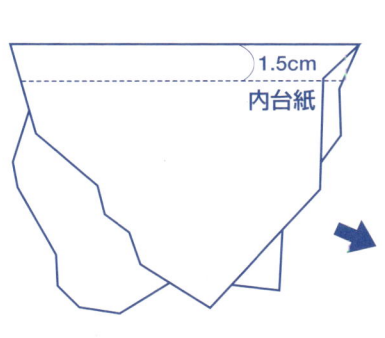

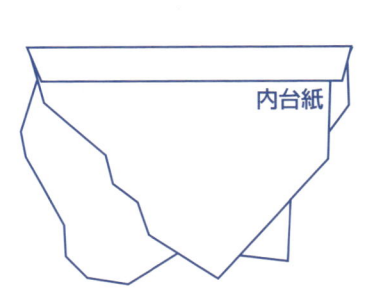

1 氷の山が内台紙になります。半分に折ります。

2 折りめから1.5cmのところを折ります。

内台紙

1.5cm
内台紙

内台紙

3 ❷を開いて、のりをつけてはります。

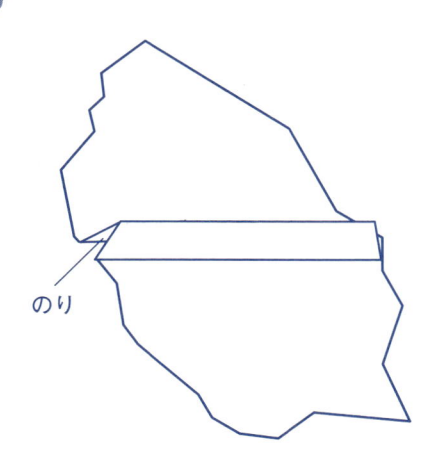

のり

4 内台紙に外台紙をはりあわせます。

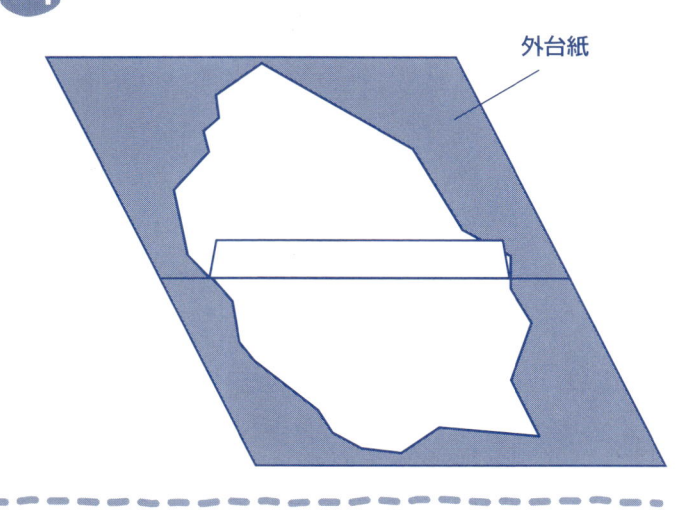

外台紙

仕上げます

1 台紙に三日月をはります。

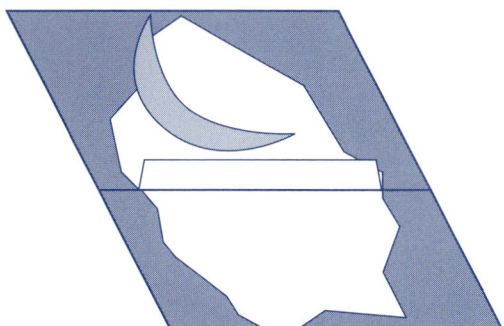

2 氷をはります。最後にイワトビペンギンをはります。

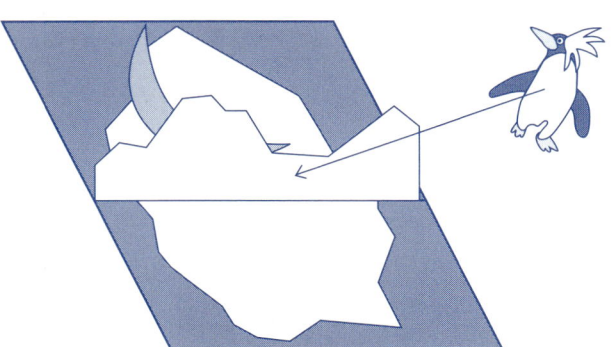

メッセージを
かいてね。

おともだちになってください。

カピバラより

できあがり！

こんなふうにはってね

イワトビペンギンさん

型紙

岩をぴょんぴょん とぶので イワトビペンギンと いいます

目

はね

くちばし

へ〜。

ペンギンさんの つばさは 「フリッパー」と いうんだよ。

手

からだ

手

おなか

足

足

氷

カードのつくりかたと型紙

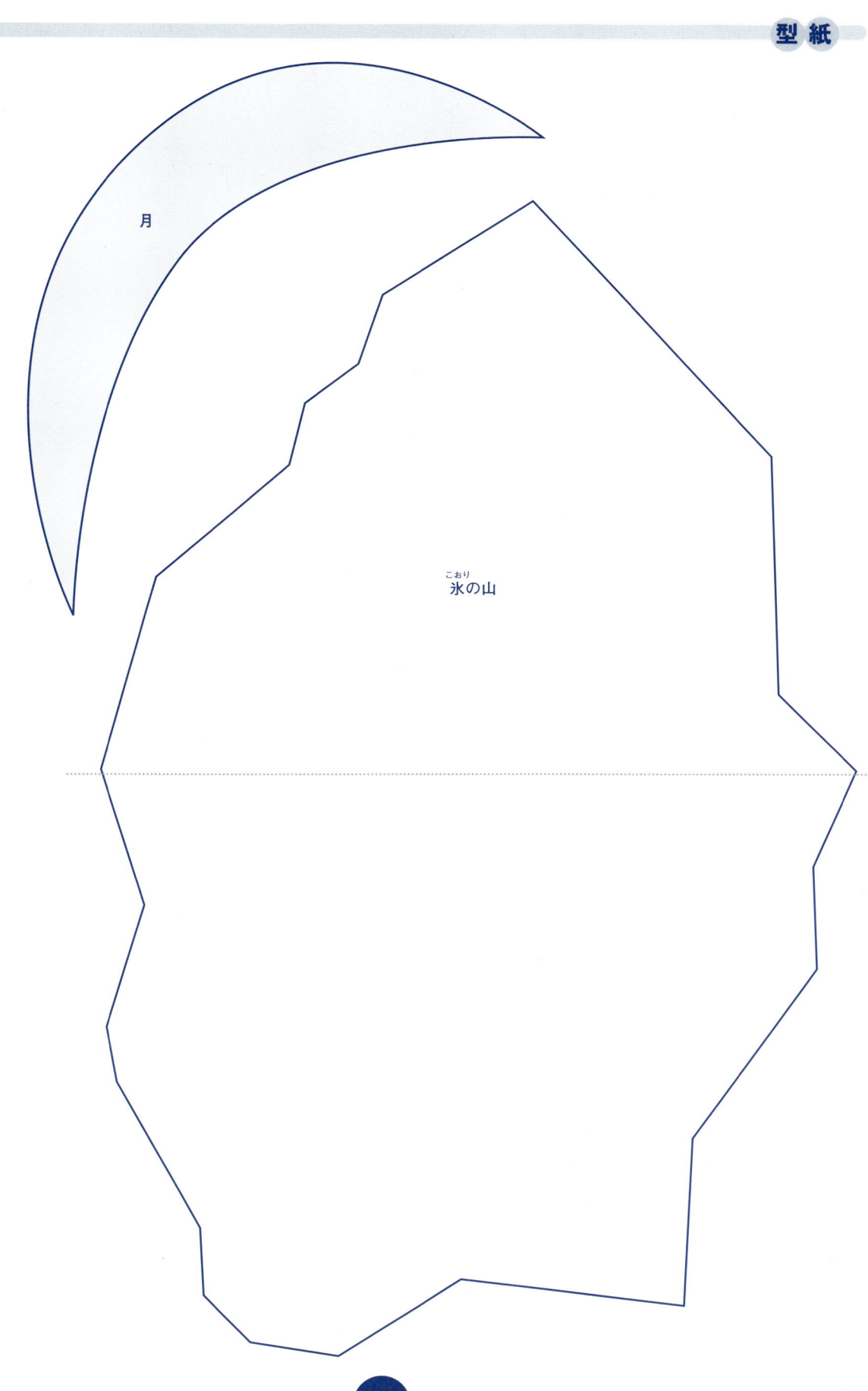

型紙

月

氷の山

C パターン
カンガルー親子のカード

のりのつけかたに注意してね。

パーツをつくります

1 おかあさんカンガルーのかおとからだをはります。

かおの後ろに耳をはってね。

2 エプロンをつくります。

注 ここにはのりはつけません。

のり

3 からだにエプロンをはります。

手はエプロンの上にだしてね。

4 足としっぽをはります。

できあがり！

5 あかちゃんをつくります。

かおをつくります。 → からだをはります。 → 手をはります。 →

注 ここにはのりはつけません。
足をはります。 ← のりをつけます。 → しっぽをはります。　お花もつくっておいてね。

できあがり！

台紙をつくります

1 内台紙を半分に折ります。

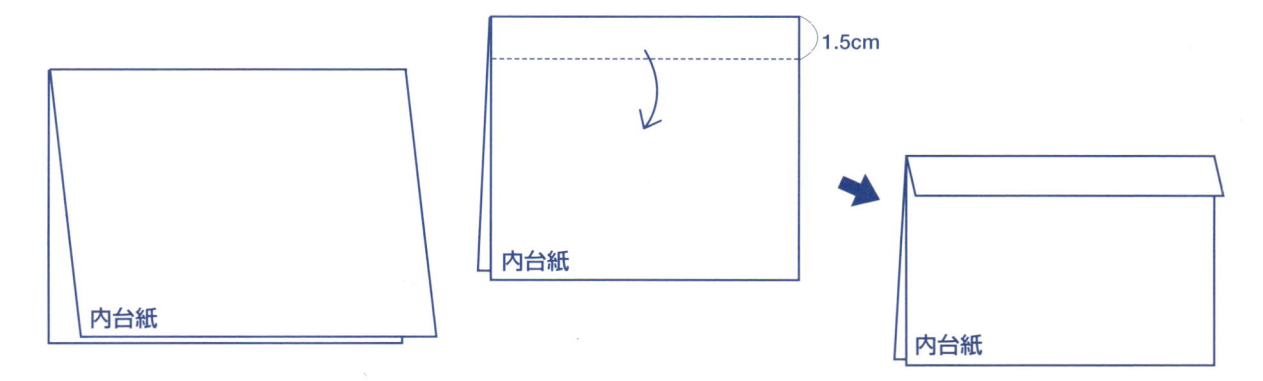

内台紙

2 折りめから1.5cmのところを折ります。

1.5cm

内台紙

→

内台紙

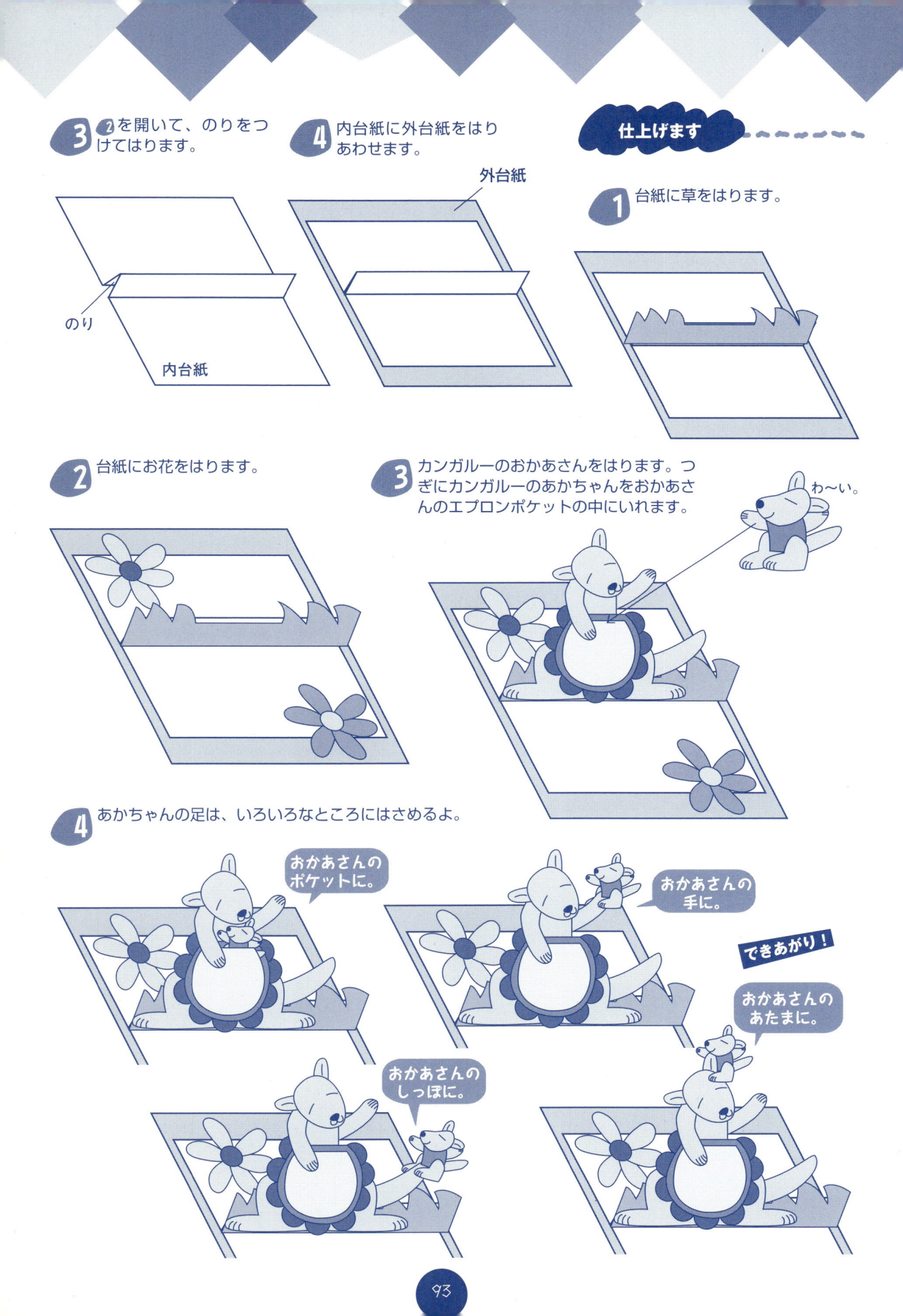

3 ②を開いて、のりをつけてはります。

4 内台紙に外台紙をはりあわせます。

のり
内台紙
外台紙

仕上げます

1 台紙に草をはります。

2 台紙にお花をはります。

3 カンガルーのおかあさんをはります。つぎにカンガルーのあかちゃんをおかあさんのエプロンポケットの中にいれます。

わ〜い。

4 あかちゃんの足は、いろいろなところにはさめるよ。

おかあさんのポケットに。

おかあさんの手に。

できあがり！

おかあさんのあたまに。

おかあさんのしっぽに。

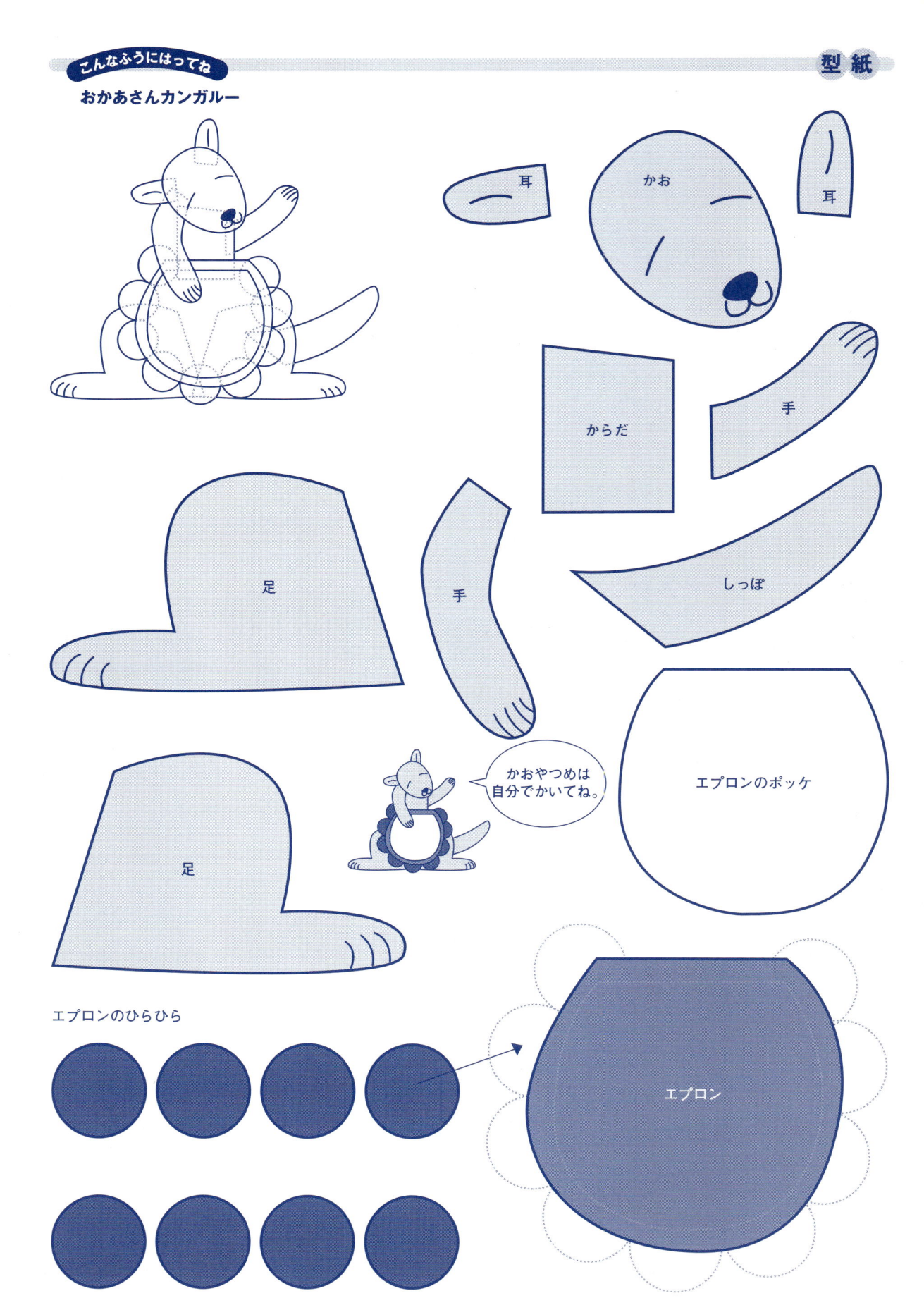

こんなふうにはってね
おかあさんカンガルー

型紙

耳　かお　耳

からだ　手

足　手　しっぽ

足

かおやつめは自分でかいてね。

エプロンのポッケ

エプロンのひらひら

エプロン

カードのつくりかたと型紙

こんなふうにはってね
あかちゃんカンガルー

型紙

耳
かお
耳
手
からだ
手
しっぽ
足
足

おかあさんの
ポッケに
はいりたいなー。

あまえんぼ！

こんなふうにはってね
お花

型紙

花びら
花びら
花びら
花
花びら
花びら
花びら

草

Ⓒ パターン
元気いっぱい！ワオキツネザルちゃんのカード

パーツをつくります

1 ワオキツネザルちゃんのかおをつくりましょう。

- 耳のさきを黒くぬってね。
- 目とはなと口は自分でかいてね。

2 かおにからだをはります。

- 木にぶらさがるので、少しななめにはります。

3 手足をはりましょう。

- 元気よく、楽しそうな感じにはりましょう。

4 しっぽをはります。

- しっぽにしましまをかくのを忘れないでね。

できあがり！

5 木やえだや葉っぱをきっておいてね。

台紙をつくります

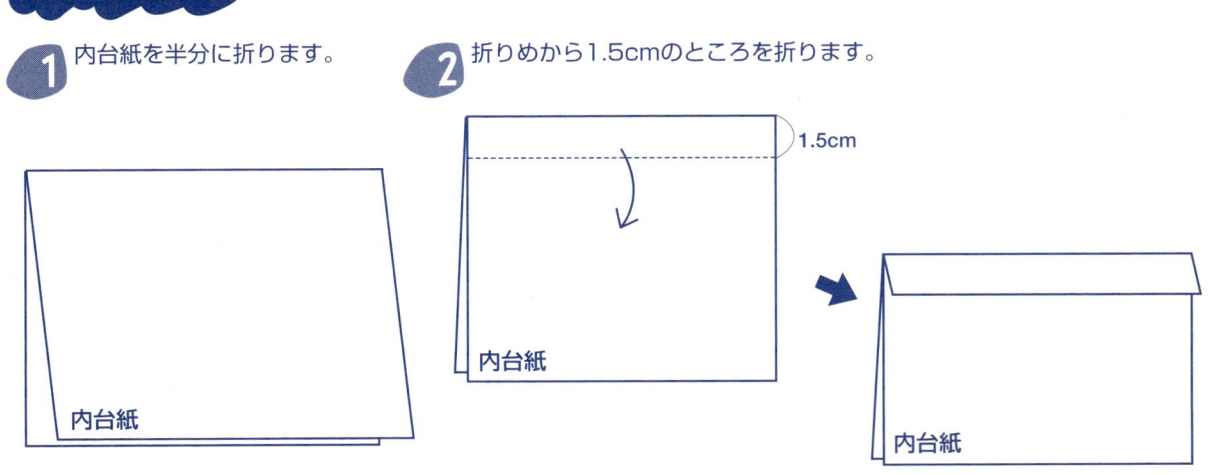

1 内台紙を半分に折ります。

内台紙

2 折りめから1.5cmのところを折ります。

1.5cm

内台紙

内台紙

3 ②を開いて、のりをつけてはります。

のり

内台紙

4 内台紙に外台紙をはりあわせます。

外台紙

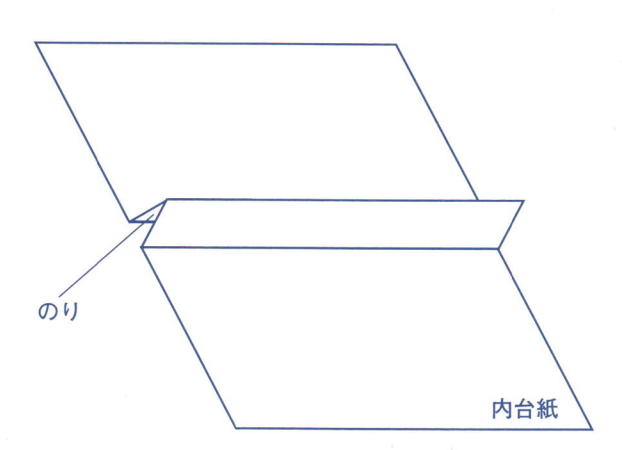

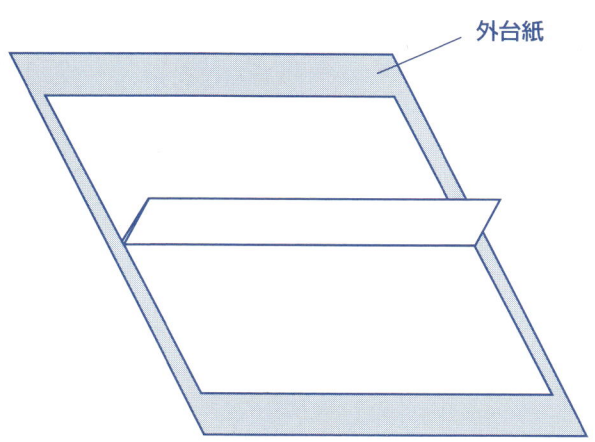

仕上げます

1 台紙に草をはります。

2 台紙に木や葉っぱをはります。

3 ワオキツネザルちゃんをはります。

できあがり！

メッセージをかいてね。

こんなふうにはってね
ワオキツネザルちゃん

木のぼりが大すき。

ひなたぼっこも大すき。

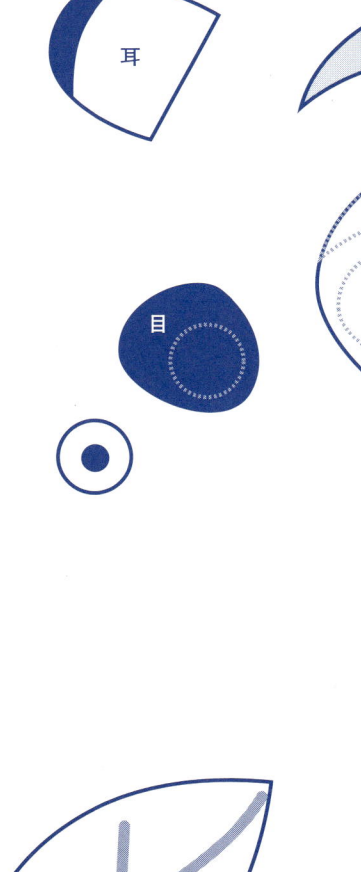

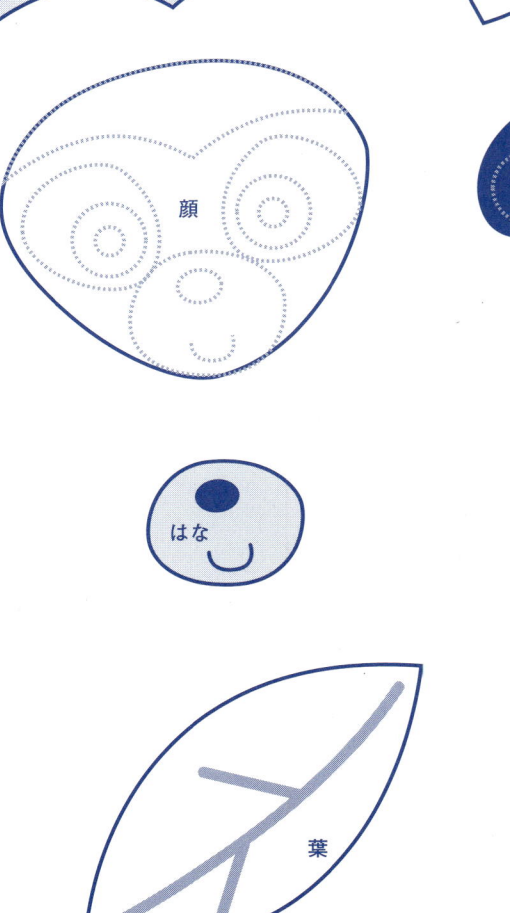

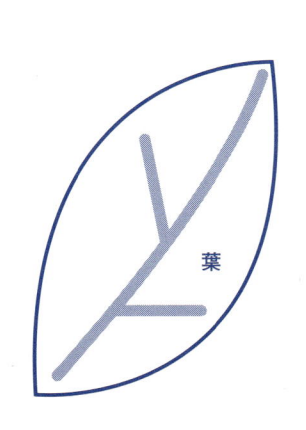

型紙

耳　あたま　耳

顔　目

目

はな

葉　葉　葉

カードのつくりかたと型紙

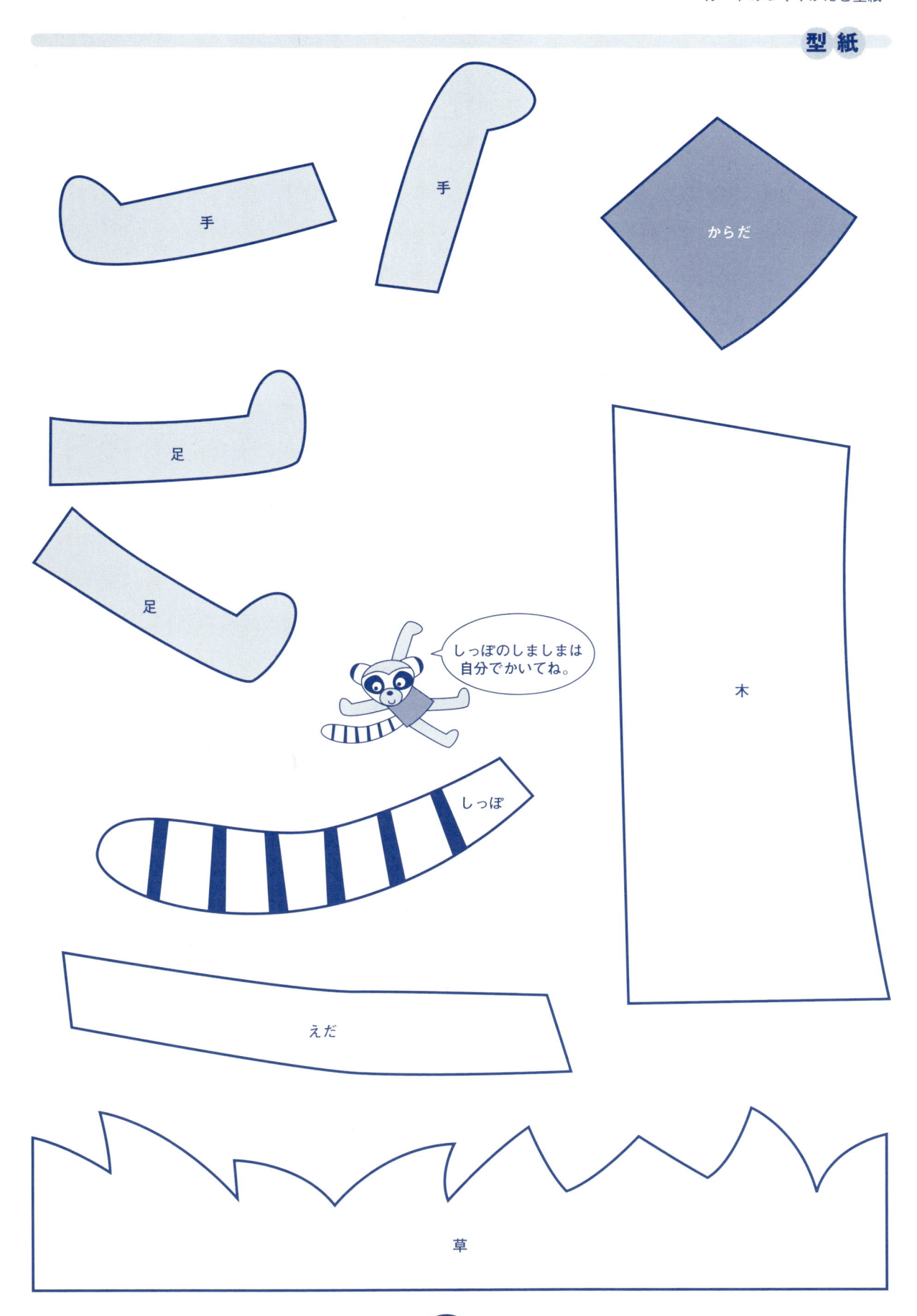

型紙

手

手

からだ

足

足

しっぽのしましまは
自分でかいてね。

しっぽ

木

えだ

草

A パターン
ブランコパンダちゃんのカード

このカードは、糸を少し使います。

パーツをつくります

1 パンダちゃんのかおをつくります。
- 目とはなと口は自分でかいてね。
- 耳はかおの後ろにはってください。

2 かおにからだをはります。

3 手足をはります。

4 タイヤをつくります。
- 1か所、きりこみをいれるときりぬきやすいよ。

5 タイヤに糸をつけます。
- 糸は少し長めにしてください。

6 タイヤにパンダちゃんをはります。
- バランスよくパンダちゃんをはってね。

できあがり！

台紙をつくります

1 内台紙にきりこみをいれてから、台紙を折ります。

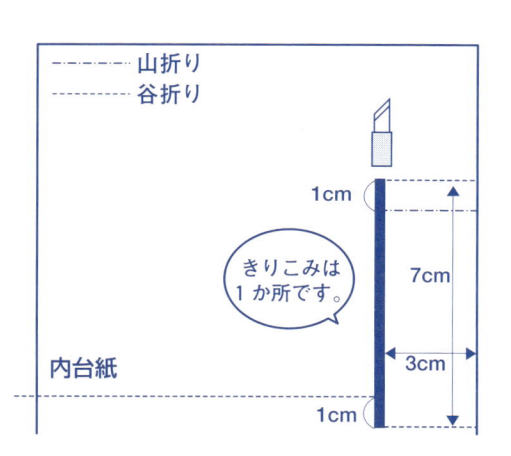

- ――― 山折り
- ------ 谷折り

きりこみは1か所です。

1cm / 7cm / 3cm / 1cm

内台紙

2 台紙を半分に折って、きりこみを折ります。

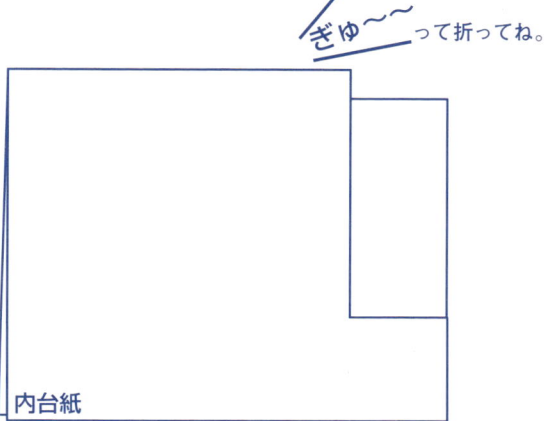

ぎゅ〜〜って折ってね。

内台紙

3 開いてとびださせます。
このカードはよこに開きます。

内台紙

すこし
むずかしいです。

がんばって！

4 内台紙に外台紙をはりあわせます。

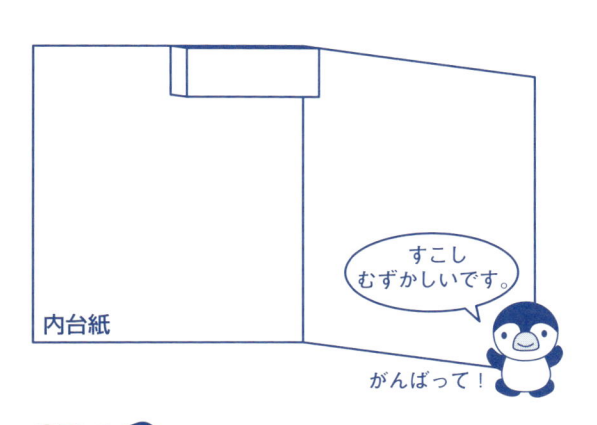

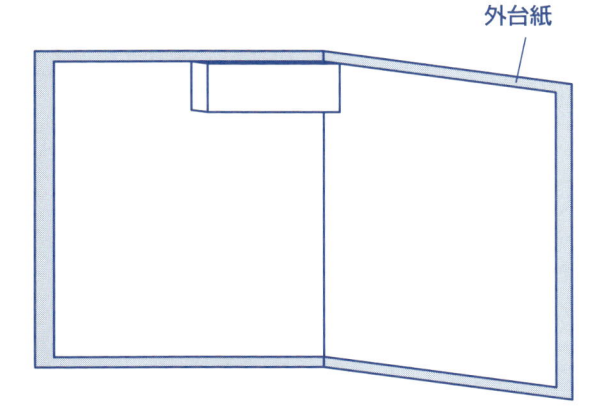

外台紙

仕上げます

1 とびだし部分に糸をむすびます。

ここです。

2 木の葉をはりましょう。

ブランコ、いいなあ。

3 大きな木もはります。
草もはりましょう。

できあがり！

ゆらゆら
ゆれま〜す。

こんなふうにはってね

ブランコパンダちゃん

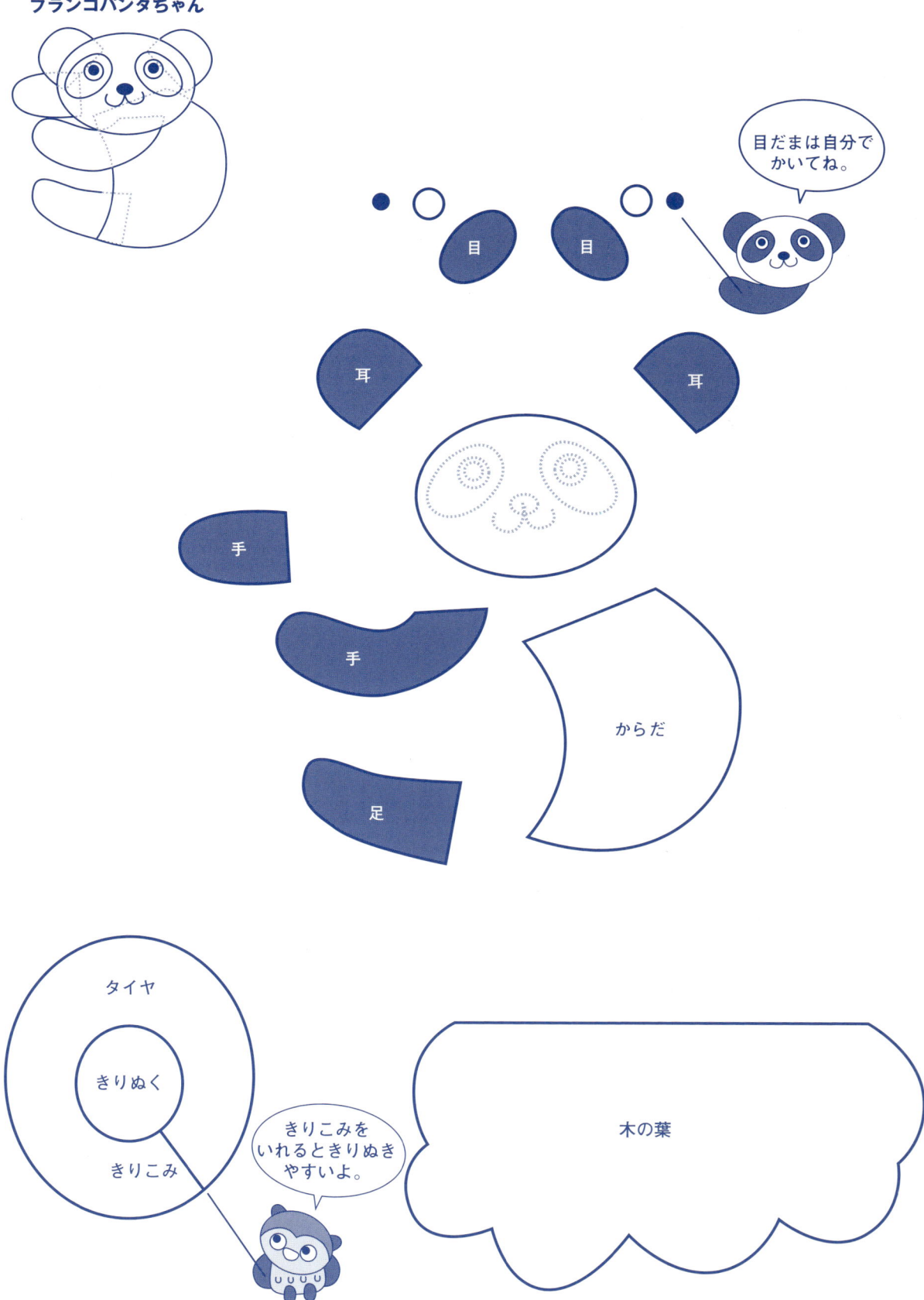

型紙

目だまは自分でかいてね。

目　目

耳　耳

手

手

からだ

足

タイヤ

きりぬく

きりこみ

きりこみをいれるときりぬきやすいよ。

木の葉

102

カードのつくりかたと型紙

型紙

木の葉

えだ

えだ

木

草

草

著者プロフィール

シマダチカコ

東京に生まれる。文化女子大学短期大学部生活造形学科卒業。
出版社の広告宣伝部を経て、フリーのデザイナーに。
書籍、ポスター、カタログなどのデザインを手がけるほか、
簡単ですぐにできる工作を、子どもから大人まで幅広く教えている。
著書:『かんたん手づくり ポップアップカード』(子どもの未来社)
E-mal：s_chiko@yahoo.co.jp

DTP■伊藤琢二／装丁■渡辺美知子

かんたん手づくり ポップアップカード わくわく動物園

2010年 3月31日　第1刷発行
2014年 4月30日　第2刷発行

著　者　シマダチカコ
発行者　奥川　隆
発行所　子どもの未来社
　　　　〒102-0071　東京都千代田区富士見2-3-2 福山ビル202
　　　　電話 03（3511）7433　FAX 03（3511）7434
　　　　振替 00150-1-553485
　　　　E-mail：co-mirai@f8.dion.ne.jp　　http://www.ab.auone-net.jp/co-mirai
印　刷　株式会社文昇堂

© Chikako Shimada 2010 Printed in Japan　　　　　　ISBN978-4-901330-98-5　C0037

■定価はカバーに表示してあります。落丁・乱丁の際はお取り替えいたします。
■本書の全部または一部の無断での複写（コピー）・複製・転訳および磁気または光記録媒体への入力等を禁じます。複写等を希望される場合は、弊社著作権管理部にご連絡ください。